ISBN 978-0-332-25012-0
PIBN 10999773

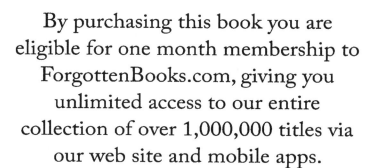

English
Français
Deutsche
Italiano
Español
Português

# www.forgottenbooks.com

**Mythology** Photography **Fiction**
Fishing Christianity **Art** Cooking
Essays Buddhism Freemasonry
Medicine **Biology** Music **Ancient**
**Egypt** Evolution Carpentry Physics
Dance Geology **Mathematics** Fitness
Shakespeare **Folklore** Yoga Marketing
**Confidence** Immortality Biographies
Poetry **Psychology** Witchcraft
Electronics Chemistry History **Law**
Accounting **Philosophy** Anthropology
Alchemy Drama Quantum Mechanics
Atheism Sexual Health **Ancient History**
**Entrepreneurship** Languages Sport
Paleontology Needlework Islam
**Metaphysics** Investment Archaeology
Parenting Statistics Criminology
**Motivational**

COLLECTION NAME:

VALLEJO, MARIANO
GUADALUPE
DOCUMENTOS PARA LA
HISTORIA DE CALIFORNIA.

COLLECTION NUMBER:

C-B 34

NEGATIVE NUMBER:

BNEG BOX 1016:7.

REEL:　　　*1*

CONTENTS:　　*1 — 169.*

*¿SOME NUMBERS ARE*
　　*MISSING¿*

FILMED AND PROCESSED BY
LIBRARY PHOTOGRAPHIC SERVICE
UNIVERSITY OF CALIFORNIA
BERKELEY, CA 94720

JOB NO. 1 3 0 6

DATE 8 8 9

REDUCTION RATIO 1 1 1 2

DOCUMENT
SOURCE

MICROCOPY RESOLUTION TEST CHART
NATIONAL BUREAU OF STANDARDS-1963-A

RECCION GENERAL
DE ALCABALAS
CONTRIBUCIONES DIRECTAS.

Seccion 4.ª

CIRCULAR.

**H**abiéndose verificado en los años anteriores que varias Administraciones, Receptorí:s y Sub-receptorías, olvidándose de lo que dispone el art. 48 del Reglamento de 18 de Abril de 1837, concluido el año en que deben servir las guias y tornaguias, y el bienio en que debe hacerse uso de los respectivos pases, no han devuelto á esta Direccion los sobrantes que de esa clase de documentos les han resultado, sin embargo de que esta propia Direccion al remitirles los nuevos ha cuidado de recordarles esa obligacion, previniéndoles expresamente su cumplimiento en la circular con que les ha hecho las remisiones, temerosa de que en el presente año se repita un hecho que, sobre paralizar las operaciones relativas á las cuentas que de esos documentos se siguen á las oficinas, ha dado lugar á diversos abusos contra los intereses de la Hacienda pública, cree conveniente hacer este particular recuerdo á las oficinas sobre la importancia del cumplimiento de la indicada obligacion, advirtiéndoles que provistas, como lo están á la fecha, de un número de documentos bastante para poder cubrir sus labores en los primeros meses del año, de ninguna manera harán uso de documentos pertenecientes á años anteriores, sino que cualquier sobrante que tengan lo remitirán sin falta á esta Direccion, á mas tardar en el discurso del presente mes, en el concepto, de que si por una contingencia remota no estuviesen á tiempo en las oficinas los mas documentos que sobre los que ya se les tienen remitidos hayan pedido para la conclusion de todo el año, esa falta no se suplirá de otro modo, que el que expresamente se demarca en el art. 47 del citado reglamento; y por consiguiente que las guias, tornaguias ó pases, que siendo librados en este año aparezcan extendidos en impresos pertenecientes á años anteriores, en este solo hecho, se reputarán por sospechosos, y por lo mismo, no se admitirán sin que se proceda antes á purificar su legitimidad.

Con este motivo juzga igualmente necesario esta Direccion recomendar á las oficinas la mas exacta observancia de lo que sobre remision de noticias de guias y tornaguias dispone el art. 14 del decreto de 24 de Febrero de 837; así como la de las diversas prevenciones que se les han hecho para que las que carezcan de sello, situen en esta Direccion, con arreglo á las disposiciones de la extinguida Inspeccion de guias, los ocho pesos del importe de cada sello,

2

para que se les provea de ellos; llamándoles la atencion, en este punto, al grave perjuicio que por su falta ocasionan á los causantes, puesto que, en el art.
20 del citado decreto está prevenido que no se reci-
ban en las oficinas las tornaguias que se presenten
sin el requisito del sello de la que las haya librado.
En estos puntos importantes, sobre los que se han no-
tado graves faltas en varias oficinas, espera esta Direccion cuide V. de que sean exactamente observa-
das las disposiciones relativas á ellos, así en esa Administracion, como en las Receptorías y Sub-receptorías que le son anexas, á quienes circulará V. esta
órden, de la que con tal objeto acompaño —— ejem-
plares, esperando me acuse el correspondiente recibo.

Dios y Libertad. México Enero 4 de 1844.

Por indisposicion del Sr. Director general,

*Manuel Payno*
*y Bustamante.*

1 B

*Sr. Admor de la Aduana*
*de Cabotaje del Loreto* { 3

Yerba Buena Enero 5 1844

Sr. Don Jose Jesus Vallejo

Mi muy estimado amigo.

Despues de saludar V deseando todas felicidades
por el año nuevo a V y su familia —
voy a decir q. me haria el favor de mandar
con Main Top. el rifle. como V no lo quiere
voy a mandarlo otra vez a Lima —siendo
q. no es tan bueno como yo pense.—

Hemos usado un parte de su
Arina considerando q. era mejor por V de tener
Arina fresca al tiempo q. necesita q. de este
q. ha sido tanto tiempo encostales si q la
hora q. V quiere nos avisa un poco antes en
Caso q. necesita una cantidad y siempre
estara lista—

Si puede mandarme un puerco
grande para Salar y comer en las aguas sea
favor q. estimare y ajustaremos la cuenta cuando
Nos veamos—

Su aff.o Amigo y Servidor
Q B S M
Hinckley

Señor

Don Jose Jesus Vallejo.

Mission de San Jose

5

El Ciudadano Manuel Micheltorena, General de Brigada del Ejercito Mejicano, Ayudante General de la Plana Mayor del mismo, Gobernador, Comandante General é Ynspector del Departamento de Californias.

Por el presente concedo libre pasaporte á José Warner, originario de los E. U. del Norte, para que por el termino de un año pueda permanecer y transitar en este Departamento, observando lo prevenido en la Ley de 1ª de Mayo de 1828 —

P.T. Las autoridades asi civiles como militares, no le pondrán embarazo alguno, en el uso del presente.

Mont.ᵉy 11 de En.º de 1844.

Reg.do fol 55.

**I** (· Ø 34 .

En dos y seis de En.º de mil ochocientos
cuarenta y cuatro, ante mí Florencio Serrano Alcalde 1.º Constitucional; fueron
presentes los Señores D.ª Jorge Kinlof y
D.ª Guill.me Matthews reclamando el
primero al segundo el pago de cuen ta se-
tenta y cinco pesos que le adeudas, lo que con
ferido por el referido Guill.me convinieron voluntariamente en q.e le pagará dentro de seis meses contados desde el veinti-
dos del presente; así como también le
pagará en este mismo plazo la cantidad
de cincuenta pesos, por libranza q.e giró,
contra él y á favor del S.r Kinlof, D.ª
Henriq Frer; debiendo verificar este
pago con arinas, esquilmos á precios co-
rrientes como dinero, ó plata acuñada, en
abonos parciales q.e comenzarán en la
semana de la fha entrante, lo que firmaron con migo.

Florencio Serrano

Guill.me Matthews

Jorge Kinloch

2ª En 24 de En.º de 1844. Ante mí
Florencio Serrano Alcalde 2º Constitucional, fueron presentes los Sres.
Dn. Benito días y el Estrangero
(Ricardo) Luis Pomber, reclamando
el primero al segundo el pago de
un barril de aft. q.º le dió p.ª contra-
to en paga de su trabajo, y q.º le
compucieran el techo de su casa y la
enjarrara q.º dentro y fuera; mas como solo una parte de esta contrata tubo efecto se convinieron voluntariam.te
en q.º S. Pomber le pagaría veintiun pesos seis reales q.º le salió res-
tando según ajuste de quentas: debiendo verificar este pago p.ª el mes
de mayo del corriente en la especie
q.º pueda p.ª carecer de dinero; y lo
firmaron con migo.

F.º Serrano

A Ruego de S. Pomber
Vicente Gomes

Benito días

1844 - Jan. 21.

5

Edinburgh 8 Mc Dowall Street
21 January 1844 —

Dear Sir,

I beg to enclose to you a
Letter which I have addressed to my son.
It explains itself — and I will feel extremely
obliged by your addressing it to him. You
will see the necessity of an immediate
answer — and I hope you will do all
in your power to procure this —

I am Dear Sir

Your very obed Servant

Catharine McKinlay

9

Wm Thymes Gemp Esq  1½

Callo

South America

1

10

RECEIVED & FORWARDED BY R. LOUIS LEWIS OF PANAMA

PAID JA 24

Edinburgh

6

Edinburgh, 8 Mc Dowal
21 January 1844 –

My Dear Son.

I am sorry to announce
the Melancholy tidings of the death of your br
Peter. After a lingering illness which he bore
great patience, he departed this life on the
Ind. – I consider it my duty to communi
to you this event. Not only on account of
anxious desire which you must feel for
our family – but also, by his death a sou
has opened up to you, which if properly
after, will be for your advantage as far
is at present known –

His Estate stands thus – He
left some heritable property – to which Cath
the daughter of your brother John succeeds a
at Law – but this may be burdened to its
Value – and of course you have nothing
to look to from this source. – He has
le

11

left some moveable property which is
claimed by your brother Finlay – but you are
entitled to the half of the residue whatever
remains after payment of the debts due by
your brother – The succession to you may
be little or nothing – but unless it is looked
after your brother Finlay will take every
thing – To protect your rights, small as they
be, I have been advised to intimate this to
you – and request you to transmit a Mandate
in the form annexed, that your interests might
be attended to – and not altogether neglected –

It is with feelings of extreme regret
that I should recur to the conduct of your brother
Finlay towards me. A Mother's feelings are too
strong – and she feels them more acutely when
she is denied to exhibit moments of her own –
To you, as to all others it might appear improbable
that Finlay denied me access to your brother
in his dying moments – Nay more than this
after his death, when I asked permission to see
his corpse – he also refused me this – and placed
Policemen at the door to prevent me paying the

the last duty which a mother can possibly
do for her child — My heart is too full to
write further on this melancholy usage — but
I must say had it not been for the kindness
of Mr John Bruce who received me into his
house when I came to Edinburgh — I must
have been put to great inconvenience — For
his kindness towards me — and I think you will
recollect of him — he is a son of Mr William
Bruce late Smith in Stirling) I would recommend that you grant and forward
to him a Mandate to act for and protect
your interests in so far as regards your right
to your brothers succession — He has kindly
accepted of this office — and being a neutral
person — having no bias towards either party
he will do his duty to our satisfaction. The
Mandate altho' in his favor — his acting shall
always be under my advice —
With kind regards to you — I am
My Dear Son
Your affectionate Mother —
Catharine McKinlay
6B
13

Scale and Beam Manufacturer
McLaren Place
Edinburgh

(Place & Date)

Sir,

I hereby authorise and empower you to take all legal and necessary Measures for fully and completing Vesting my right in the succession to my late Brother Peter Mackinlay's effects and in general to act for me in all matters regarding that succession – or the questions which might arise out of it. a fully and freely in all respects as I could do myself. For all which this shall be your Warrant sufficient —

I am Sir Your Most hum

bc

14

C·β 34 ; 7

# DIRECCION GENERAL

### DE ALCABALAS

## Y CONTRIBUCIONES DIRECTAS.

#### Seccion 1.ª

#### CIRCULAR NUM. 100.

**E**n órden suprema de 18 del corriente, que he recibido hoy, se sirve comunicarme el Exmo. Sr. Ministro de Hacienda, lo copio.

"Con esta fecha digo al Sr. Administrador de la Aduana marítima de Veracruz lo que sigue.=Dada cuenta al Exmo. Sr. Presidente interino con el oficio de V. núm. 19, fecha 13 del actual, en que acompaña la instancia de D. Eduardo Larrabe, que ha llegado á ese Puerto, procedente de la Habana, en que solicita que la herramienta que trae usada, propia de su oficio de platero, que viene á ejercer á la República, no le sea detenida, ni le se decomise; ha tenido á bien disponer S. E., de conformidad con lo que opina esa Administracion, que se le permita al interesado la introduccion de dicha herramienta, y que para lo sucesivo se haga extensivo este permiso á todos los artesanos, que como este vengan á la República á ejercer su industria, por cuyo adelanto se interesa eficazmente el Gobierno; de cuya órden lo digo á V. para los efectos correspondientes, y en contestacion á su citado oficio.=Y lo inserto á V. S. para su conocimiento y demás fines."

Trasládolo á V. para su inteligencia y efectos correspondientes en los casos que ocurran en esa Aduana, dándome aviso del recibo de esta circular.

Dios y Libertad. México Enero 22 de 1844.

Por indisposicion del Sr. Director general,

*Manuel Payno*
*y Bustamante.*

**Sr. Administrador de la**
**Aduana marítima de**

*San Diego*
*Alta California.*

# República Mejicana

## Departamento del Sur

... Valle Capitan de Fragata de la Armada Nacional y Comandante General ... y todos los Puertos de la República Mejicana en las costas del Pacífico

Concedo licencia ál C. Juan B. Cooper del Matrícula de este Puerto, para ... fin de que con la Goleta Nacional California dela propiedad de Juan Bright ... toneladas que gobierna y consta dela escritura de adquisicion, y ... hombres que en ... ... por todas las costas y ... del Pacífico ... los de Oaxaca hasta las de S. Fra...

Y Por tanto, órdeno a las Capitanías de Puerto Subalternas y demás dependientes ... ... no lo sean reconviendo y pido que no le molesten ni estorben sin justa causa su li... ... le protejan y amparen con todos los auxilios que necesite y pague por sus justos p... ... ella, con la presente licencia que autorisada con el sello de esta oficina y mi firma ... ... contando desde esta fecha.

Dada en la Comandancia General de Marina en Mazatlan á 26 de Enero de ...

Luis Valle

СБ 34: 9

ADUANA MARITIMA.
DE
MONTERREY.

❖❖❖❖❖❖❖❖❖❖

Con fha. de hoy he recibido del Exmo. Sõr. Gobernador del Departamto. la orden siguiente.

"Es muy conveniente que V. se presente en San Franco. para establecer la Receptoría y poner en posesion á los empleados de ella, pudiendo V. dejar provicionalmte. encargado de la Aduana de su Cargo á una persona de su entera confianza y bajo la responsabilidad de V."

Y siendo V. de mi absoluta confianza espero de su patriotismo se digne aceptar dho. encargo provisional en el concepto que queda V. bajo de mi responsabilidad.

Esta ocasion me ofrece la muy grata de ofrecer á V. los respetos de mi concideracion

Dios y Libertad Febrero 4.— de 1844.

Pablo de la Guerra

Sõr. Dn. Guillermo Edo. Hartnell

14

10

Boston Feb 5th 1844. —

My dear Cousin

I have Yours of Oct 15th/43.
containing a bill of exchange on Thomas Bennett
of Fairhaven for $150. Which I have collected and
passed $125 to John's credit for reasons stated
below; the balance I shall dispose of according to
your wishes. I ~~shall~~ have subscribed for the
Courier and shall send it You as I have opportunity
✝ In relation to your children, they could be boarded
for $250 pr wk. their clothes would probably cost
$75 pr year. Tuition from 4 to 6 $ in the quarter Books &c $20
more each pr year. I would be difficult if not
impossible to find a school where they could
retain their Spanish. —

I have settled John's business with
Blanchard and Dorr by compromise, and
rec from them $2143,00 being the amount
acknowledged by them as due in an acct rendered
to Mr Gale. I took the best advice I could and
fearing the discrepencies between the invoice and
the returns made by John would ruin the sale
I was glad to get so much. I immediately wrote
John about Nov 7/43 by a vessel of Mr Hunnewell's
the Congaree [I made a minute of it but can not now
lay my hand upon it] but supposing it possible
this may reach You before the ship, I would

✝ The same at of insurance as Mr Dolph sell to you as then as I can
find the rate and I will try & N. York by that passage. —

Wm M. Rogers in acct with I R. B. Cooper —

Nov 7 1843 Dr by monies recd on his acct from
    Miss Blanchard & Doe —— — $2143. ——
Nov 7 1843. Cr. By Lawyer's fees ——————— $150.
  "   "   "   By order in favor of Cooper from
    Martha Cooper of Rochester ——————— 200.
    "   "   By monies advanced by me
    during progress of suit. —————— 25.
    "   "   By paid costs of court ———————— 10,44
    "   "   By possible costs on a commission
    sent to Canton for evidence during the progress
    of the suit with B. & D. ———— 300.
              Dr. $2143             Cr. $685.44
              Cr. 685.44
Nov 7th .43 Dr by balance $1457.56.

    Immediately on closing the affair we wrote to Canton
  to stop the Commission, and if there have been no
  expenses, there will be $300. more for John. —
  I took $200 for aunt Cooper, supposing by John's
  letter that was about the amount in your hands
  for her, and sent you her order for it by Hunnewell
  vessel, and in consequence have passed your draft
  on Bennet to John's acct till I hear farther
  from you. — On closing the affair Mr. Hunnewell
  presented a bill against John's for payment
  the substance of wh. is as follows. —
Ap. 29/33 I R B. C. Dr. L. H. by sales Shipments $600
  "   "          Cr by expenses ———— 221,00 — 379
      10¼      Dr. by interest 9 pct to Aug 17/35 ——— 111,82
          Cr. by amount pd ship Tajada ——— 490.82
                                          211.44

Dr to Balance brot-over ——
Dr to interest 6 p ct. to Aug 17/45 ——

279.38
165.87
$ 445.25.

Mr. H. behaved very handsomely about it, and tho'
he might have trusted the money in my hands
he was content to wait my instructions from John.
I hope John will tell me definitely what to do, and
if the debt is just tell me to pay it. — Mr. Hunnewell
intimated that probably there were other claims of
a similar character, and so to escape as far as possible
from the embarassments of a trustee process, I put
$1457,56 out of my hands, but where I can command
it on 7 days notice to meet any draft he may send
John had better draw in your favor, or you may
with the money in goods, let them go in your name
or they may be stopt to meet these claims if
there are. I have as yet heard of none. But you
can determine what is best to be done.

Uncle and Aunt are well. So was Ann
and family when last I heard from her. —
Should you want Goods you must give me the
most precise directions as to quality &c. —
I am thankful to be so far thro' with John's business
and shall be glad to get the money out of my hands
into his. —

Kind remembrances to your family, to
John and his family. —

Your br Wm M. Rogers.

P. S. Will you let me know how aunt Cooper's
affairs stand. It was first stated there was say
200. Let me know just how it stands. — 20

Single    Via New York
          paid

Don T. O. Larkin.
     Monterey — California
Via Vera Cruz y Mexico
Care of John Parrott Esq
     U. S. Consul Mazatlan

21

C-B 34.14

My dear Hartnell

You will be surprised to know that
I am here, along with General Miller, now H. B. M's Con-
-sul General, for these & other Islands, in the Pacific. I could
not resist the temptation of his invitation to accom-
-pany him, altho' I was all ready to start for Eng-
-land, agreeably to what I wrote you, on the 5th of
November, from Mexico, by Mr Francis B. Green.

As I met stay with General Miller here some
months, I beg that any reply you may make to the
queries contained in my aforesaid letter & the preced-
-ing of August 10th (of which I enclose duplicate)
may be sent, here, to his care.

It is not impossible that the answers from the
London Committee, to my communications of De-
-cember last, from Mexico, may lead me to visit
California, to determine how far English settlers there
would enjoy greater advantages than in the Depart-
-ments near to the Atlantic.

If you should think so & you could quietly secure
a large grant of land, on our joint account in
the most eligible position, I think we could turn it
to good account. At Lagos, I met Mr B Hastings,
from whom I learned that he was proceeding from
California, to the U. S. to make arrangements for
a large settlement, under some understanding with
General Michaltorena.

I find Mr Forbes has been appointed H. M's Consul
for California. I always thought that you would be
appointed.

The General begs his compts & I remain ever
Wm Hartnell Esquire My dear Hartnell, yours truly

Honolulu Feby 23. 1844

Mr T. O. Larkin
    Dear Sir
                    Since our last to you dated
Dec^r 33/43 we have received letters from Mr
Peirce in which he explains his transactions
with you while on the Coast of California –
We perceive that the 575 hides in dispute
were received by Mr Peirce and we hope
now to be able to settle account with you –
We enclose copy of Mr Peirce's a/c Current
with you showing a balance in his favor
of $62.39 which we charge you with as per
his directions. –
We enclose our bill against you (including
the above amt of $62.39) amounting in all to
$103 55 –

Amount of note ———————— 2842.56

Rec<sup>d</sup> on a/c by Mr Peirce
  488 Hides  a/ 2.           976.—
  200 order for Scott & Wilson    400.—
  discount on note 10%    284.25
  500 Hides rec<sup>d</sup> by us pr Tama  1000.    2660.25
                  Balance $ 182.31

We have written to Mr Spence to give up
the note when this amount is paid —
The perplexity of accounts was owing to the
private transactions between you and Mr Peirce
being brought into the account with Peirce
& Brewer; thereby rendering it difficult for us
to account for the 575 hides, particularly as
they did not appear in Mr Peirce's a/c
with us —
We hope now the accounts are clearly understood, they may be settled as soon as possi[ble]

12A

Yours Obd<sup>t</sup> Serv<sup>ts</sup>
C. Brewer & Co

Peirce & Brewer
Oahu, Feb. 1847

23

Angeles Marzo 2 de 1846

Estimado Amigo.

Remito a V. inclusa la copia
del poder, y le suplico no se olvide
del tabaco, y me lo mande a primera
oportunidad.

En esta no hay novedad.
Su afmo. Amigo.

José de Noriega

24

1844. Mzo. 19.     5

El S.r Eusevio Doranda puede
vender un cuero herrado y venteado
con mi marca.

Atiral Mzo. 19 de 1844

Juan B. Alvarado

27

que llegé a la Yerba Buena entregué a Don
Natan Spear la carta de V. y mi contesto q.
no tenía por lo pronto avena que se día bien
dado la avena que tenía listo por V. porque
estaba poniendo malo al mismo tiempo
me dijo que en el término de un mes tendría
quinientas o seiscientas arrobas a la orden de V.
A señor Melliesk ya le deo el encargo de V.
por las dos piezas de dril azul
                                    Don Natan
me dijo que fuese bueno que se lavara el trigo
porque dice que esta bastante puerco y que
estando listo el avena que tenga V. que man
darle costales para encostalarlo —
            y no ofreciéndose puede V.
        mandar en lo que sea util
    su atento servidor Q. S. M. B.

            Santiago Maqueirde

Yerba Buena
Marzo 21 de 1844

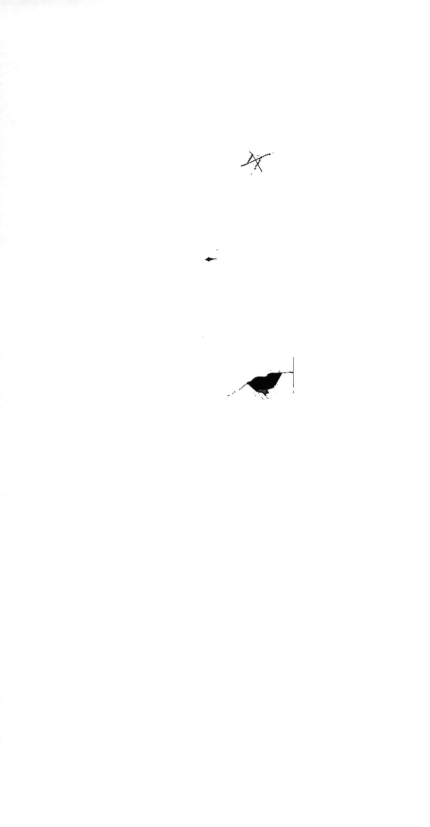

Al Sr

Don Jose Jesus Vallejo

En la Mision de

San Jose

29

Captain ~~~ F. B. H Cooper

Monterey

17½ A.

30

Mr. A. W.
letter
Hinkly

Escribe U. en dias pasados con
respecto de la arena que U. quiera mandar a Monterey Señor
Spear mi dijo que no tenia pronto arena por ser el termi-
nio de un mez des del tiempo que yo le hable mi dijo q.
pueda tener listo quinientos o dos cientos arrobas —

Yo el
quejo que el trigo esta muy leno de tierra y que deve ser lim-
biado y que por otra parte no tiene costales para encostal-
ar la arena despues de hecho.

Se le puede hacer de mandar
los costales yo le are todo lo posible para despacharlo
con el primer Buque que sale de para Monterey

En caso que U. tenia dos o tres puercos capones que
fuese mandarme esto es siendo gordos hagame U el favor de
mandarme con el primera oportunidad que se ofrece el
valor de ellos en caso que hay.

No ofreciendo mas fuerza
U mandar en lo que sea util el
atento servidor de U. Q. S. M. B.

Yerba Buena
Marzo 27 de 1844

31

A el S.

(Don Josn Jesus Vallejo

en
X

San Jose

32

Mr F Mackinlay,

Sir,

I have availed myself
of Mr Sellers visit to Edinburgh to send you a
statement of account, which I hope you will
find correct — Mr Sellers will be kind enough
to receive it for me, and give you a receipt
I shall be happy to receive your further
Commands, and remain Sir Yours truly
Duncan Elliot

March 30th 1844

1844
Apr 5th
R. Eliott
fr. 13. 13. 1

Settled by
John Sellers

194

Mr J. Mackinlay
Edinburgh

ke favor of Sindelen

34

| | | | |
|---|---|---|---|
| 1842 | To Balance of } last account } | 5 | 5 |
| 1843 | | | |
| Nov 28 | To Goods New | 8 | 17 | 4 |
| " 18 | To Cash Paid } J Dingham & } | 16 | 4 |
| | Dr James Blythe | 3 | 14 | |
| 1844 | £ 13 · 13 | 1 |

3 April    Settled for Mr Richard Elliott

John Sellers

35

1    C-B 74; 21

útil á reforzar q.e mando vuelta á él, vea fundar? en tal
semblantes de todas la satisfacion de mi conducta. Estos
son los votos de tu hermano = Manuel. ————

Señor D. José M.ª Castañares = Méjico Abril 10 de 1844 =
Adorado hermano: creo q.e ya será en tu poder mi ultima fecha 26
de Febrero y p.r consiguiente no tocó en esa ninguno de los asuntos
anteriores á ella. Por los periodicos habrás visto la fecha en
que presté el juramento; he sido bien recibido y estoy buenam.te
apreciado de la mayor parte de mis compañeros. Soy el
Presidente de la gran Comision pues q.e componiendose esta de un
diputado p.r cada Departamento el reglam.to previene q.e su
presidente debe serlo p.r el orden Alfabetico, así es q.e California
no tiene esa preferencia. Todos los expedientes q.e se comenzaron
tiene presentado a discucion han sufrido muy poca variacion
p.r la Camara. Con los cuatro Ministros muy bien, lo mismo
con el Sr. Canalizo. Por lo q.e respecta al Sr. Santa
Anna te remito copia de dos cartas y sus contestaciones
cuyos docum.tos originales guardamelo con mucho cuidado por
q.e sabes q.e llega tiempo en q.e son necesarios= Estoy trabajando
una memoria q.e debo presentar en junta de Ministros, en q.e
patentizaré al Gob.no lo interesante de ese Departam.to, sus buenos
elementos y el modo en mi concepto de arreglar esto con muy
poco sacrificio. No discurriré un momento hasta conseguir ven-
tajas positivas p.a su pais á quien tanto motivos tengo de
querer.= Tambien se acompaña copia del discurso q.e pro-
nuncié la noche q.e se trató el asunto del fondo piadoso, asunto
muy ruidoso y q.e en mi concepto hecho á perder el
apoderado del Sr. Obispo, el Sr. R. de San Miguel. Por los
periodicos verás los terminos con q.e este Sr. combatió mis

ideas y las de las comisiones. Aunque parecen mas graves las proposiciones de la comision no es así, y yo hubiera estado de acuerdo completamente con ellas sino hubiera sabido que la ley tal como esta redactada el Gobierno le habría de componer en teniendo *veto* y por consiguiente nunca volverían esos fondos á las manos del V. S. Obispo. No creas que yo no estoy ni puedo estar por que su inversion sea esclusiva á la simple catequizacion, pues que dandole intervencion como le previene el Gob.º y Asamblea de ese Departam.to, una vez celos de los adelantos de su suelo, principalmente hoy que le componen personas bastante respetables, promoverá la educacion base fundamental de las Sociedad, y que mientras no haya ilustracion en la gente llamada de razon es imposible las tengan los infelices indios. Me habré equivocado, mas deseo con todo el alma el acierto y que California algun dia haga grata memoria de mi persona; esto es lo único que ambiciono. = Mientras no venga el General S. Anna nada se puede hacer pues el Sr. Canalizo me ha dicho que no dicta providencias por que debe durar muy poco y últimos, el Sr. Anna como propietario lo dispondrá todo con mas acierto. Bajo son mis esperanzas; paremos ahora a mis temores. = Como que nuestra quietud es aparente; los partidos trabajan, la esperanza de los vencimientos vencen; la Golpes dado á Paredes, Valencia, Alvarez, Lombardini. Se han formado una entidad sin opinion y que tal vez caiga varios mañana cualquiera borrasca, sean cuales fueron los principios que se proclaman. Nuestra hacienda en su absoluta bancarrota, nuestra presa del agiotaje; la miseria es espantosa, el comercio paralizado, y lo que es mas, nuestras relaciones esteriores en tan mal estado que será un milagro q.º con Francia y los [demás] unidos podamos tener paz en dos años. La primera nos mira un principio q.º debemos sostener siempre si ello resultara [contra] la [guerra] que [tememos]. "No niega la independencia y soberanía, pues q.º sin ella no podemos arreglar nuestro comercio interno, ni de una arreglo [sale] perjudicado el [Anyo]. Que no podemos proteger nuestra industria, ni de una protección de nuestra un mal a la suya, sobre todo q.º no podemos movernos sino p.ª [aumentar] suya.² q.º quiere decir en dos palabras ley ya no más fuerte que tú. — Mas vale imparición del Catalan de las naciones q.º [sujetarse] a [tan] [espantosa] [pupilage]: el querer esto [hecho], vamos a ver quién y de q.º modo le [haremos]. Es verdad q.º tenemos un ejercito numeroso bien disciplinado y equipado. [Llena] de ha fortificado con arreglo á los principios modernos y se há montado p.ª artillería de [20] piezas... ¡Ojalá y no nos [veamos] en el caso de hacer uso de ella! — Por otra parte creo q.º el [Congreso] a [quien] [pertenece] no [haría] [semejante] [bajeza]; ya comienza á [tronar] la [tempestad] y [pocos] [posteriores]. La [ausencia] del [General] [Álvarez] [Anaya], nos perjudica mucho cuanto el se encuentra con las [miras] del [Gob.º] [todo] es vida o [cuando] menos se [domina] bien o mal, pero sin el, [caeremos] de nuevo en nuestra apatía general o [característica]. —

¹⁰ Los E. U. de quieren [Tejas], de tal [modo] es [segura] la guerra. — La Inglaterra, hace [decir] [de] dios, causa co- [mun] con la [Francia] respecto de nuestras leyes prohibitivas de algunos artículos q.º perjudican nuestra naciente industria q.º en su [cuna], son ya de tal [naturaleza] [su] adelanto q.º hace [temblar] la industria extrangera, y sobre todo lo q.º nos [dependen] es el privilegio q.º [hasta] aquí han [disputado] [de] hacer el comercio al [menudeo]. De [resultas] de esta prohibición

**38**

naturalizado porcion de extrangeros. = Ya tendré una
= la situacion q.e guardamos en política... pues ahora
de asuntos de familia. = Muy poco tengo q.e explicar
... te dije en mi última pues todos nos encontramos en el
... estado. Yo he estado buenamente malo y algunos de los
...s, p.r otra gracias han pasado las enfermedades sin
causar mas que dolencias y gastos. Lo q.e de mas está
por venir es en el numerario. Ya te dije en mi anterior
la librancia q.e me dio el general p.r lo q.e ya te dije de
... no me la habia satisfecho D. Eurenquin Blanco
... lo personal me facilitó quinientos pesos, habiendole de...
...tada la letra p.ª q.e p.r medio de su corresponsal en
... se cobrara á la casa del finado S.r Bechoso: esta
... halló y me ha sido devuelta, sin otra esperanza que
...cimiento q.e me ha hecho el S.r Torriel de empeñarse
... de orden á Mazatlan la satisfaga; pero como ya
... q.e es pedir favores no quiero recordarle á este S.r
...lim.to de su palabra p.r q.e la letra y una instruccion
... sobre el asunto las tiene en su poder hace 15 dias

Yerba Buena Abril 14 1844

Sõr Dn José Jesus Vallejo

Muy estimado amigo

Recibimos al orden de V. de entregar toda
la avena a Don Santiago Mc Kinley, y
estamos ahora moliendo por cuenta de V.
— Todo la avina ql. salió del trigo de
V menos unas costales hemos usados como
yo dije antes paraque tenida V la ventaja
de trigo mas nuevo, y la avina estaba tanto
tiempo encostalado ql. estaba deteriorando
y si habia quedado hasta ahora estaria
muy mal — — Se completa la cantidad
tan pronto como posible y va entregandolo
a Don Santiago —

Ahora ql. el año esta pintando
bien por la agua ql. ha caido si V quiere
vender algo de trigo si nos avisais puede
ql. tratarémos

Deseando felicidades a V y su
familia

Esto, su af.mo servidor

Hinckley

40

41

Sñor

Don José Jesus Vallejo

Mission

de San José

" Altering / Top Sail . . . . 8..
" Whg Mast Coat . . . . . . . 1—
"   "    / Boat Sail . . . . . 7—
" Mending Bar Sail . . . . . 5 —
                                  70.

Cask          Received Pay
                George McVincent

42.

J. B. ? Cooper

1844

Capt. Vincent

?? mat?? ??

U.S.A.

CuB 34 : 25

Sr. Don José Jesús Vallejo

Muy Estimado Señor mío
La de Vm con fecha treinta del pasado
fue recibido en el mismo acto hable á Sr. Náth.
Espear advertiendole que Vm no esperaba arina mejor
que la siendo egual no mas el me prometió de tener
lo listo entre pocos dias Volvi hablarle y pienso que
esta muy despacio y según va de muy poco esperan
za que entregue arina

Por otro tanto no he comprado
el jénero que Vm me dice en su carta porque seria
gasto sin necesidad yo estoy de opinión que mantienen
trigo suffeciente sigue lo que yo he visto
en el molino es muy poco y no sera malo que
Vm le escriba una cartita sobre el asunto y quien sabe
si Vm no tuviera que venirse en persona

Con respecto
á los puercos de el portador David pienso que
estan buenos para Votar esta facultado de—
tratar con Vm y en caso de tratar, esa una lum

e-B 34 : 26

Recibido por la Jesorería del
Depart° — — — — — — — 2000
Recibido por D. Tomas Larkin
con cargo a la Jesorería — — 12501
Suma — — 44401
140
45801

5510-6
4580-1
930-5

*Comparacion*

Ymporte al Vencimiento 5510„6
id lo recibido — 4440„1
queda a mi favor 1.070„5

Monterey Abril 23 de 1844.

Juan B. Rlooper

44

Account current 1844
Sch California

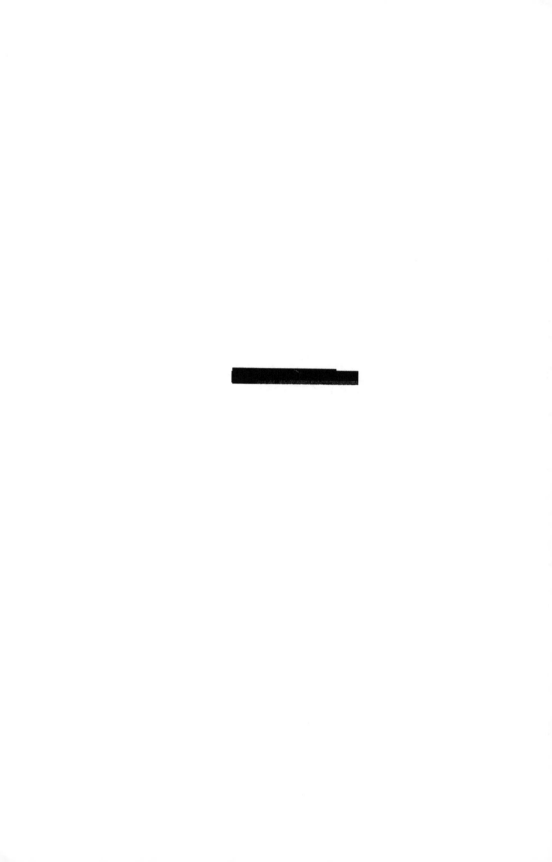

1844-Ap 24.

Estando vacante la plaza de vista
en esta Aduana Marítima, y me-
reciendo la honrada de V. la confianza de este Gob.no pasará á desempeñar sus funciones en el aforo de
la Goleta Francisca al ancla en este
puerto, presentandose con esta nota
al Sor. Admor.
Dios y Libertad. Monterey
Abril 24 de 1844.

Michel.tor.a

S. D. Guillermo Hamel

C-B 34 : 28

varios gastos, segun consta el
documento. N°1 - - - - - 1773 | 3
gastos hecho por viveres, segun
N°2 - - - - - - - - - 607 | 2
Sueldos del Capitan y Tripu-
lacion, segun N°3 - - - - 1880 | "
                                    4260 | 5

46

1844 – May 1st

Acompaño á V. las decla=
raciones en siete fojas utiles que le
mé hallar á bordo dela Fragata
"Mariana Bandalin" contra tres
Marineros de Ehō. buque y dos
que se hallan complices á la
Goleta Nacional California
los robos que hicieron estos en
el Cargamento de dha. Fragata;
por ellas resulta iniciado como
Comprador el estrangero Cantinero
en este Puerto José J. Harra, y
en virtud de que se aclara la
verdad, le remito á V. estas dili
gencias averiguaciones asi como el
de quedar á su disposicion los
cinco Marineros en las Calabozos
de este Cuartel.= Dios y

Pablo de la Guerra.

Libertad. Monterey, Abril 2 de 1844. = Pedro Narvaez = Sor Juez 1º Constitucional de este Puerto. = Anoche fueron aprendidos infraganti, tres marineros con un robo considerable perteneciente al cargamento de esta fragata de mi mando: dos de estos individuos, son de aquí y el otro es de la Goleta Nacional California. Afortunadamente la vigilancia del Sr. Amador no dejó a aquellos malvados perpetrar enteramente su intento: y ha prestado con en su principios, con plan inicuo, fraguado principalmente por un individuo que reside en tierra, contra quien se va a proceder desde

para disponer de los delincuentes. =
Puerto de Monterey Abril 1º de
1844. = J. C. Everett. = Cape-
tani of the American Ship= Bandalia. = Sor. Capitán del Puerto
Dn. Pedro Narvaez. ————————

Abordo de la Fragata mercante
Americana "Bandalia" fondeada en
este puerto, a primero de Abril de
mil ochocientos cuarenta y cuatro,
y conforme al oficio que antecede
del Capitán de dho. buque, pasé
inmediatamente abordo a tomar las
declaraciones correspondientes a los marineros cómplices en el robo hecho por
estos en el referido buque previniéndolo
el Sor. Cónsul de S. M. B. Dn.
Diego Forves; y habiendo hecho comparecer al marinero de dho. buque
Guillermo Hams, y tomádole
el juramento según su creencia

49

# SELLO SESTO DE OFICIO

Habilitado provisionalmente por la Aduana marítima del puerto de Monterrey, en el Departamento de la Californias, para los años de mil ochocientos cuarenta y cuatro y mil ochocientos cuarenta y cinco. Micheltorena.

Pablo de la Guerra.

fue = Preguntado en que ocupó
la noche anterior con quienes se a
compañó, por donde anduvo, y a
que horas se fue a bordo. = dijo: =
que un poco despues de las ocho
fue en tierra en la casa del
sastre americano José Warner
tabernero en este puerto en compañia
de un marinero del mismo Bergantin
llamado Fran.co de Nava Ir-
landez, y de la goleta mercante
nal. California llamado Juan
ignorando su apelativo. que se andu-
bieron paseando hasta despues de las
doce que se bolvió a bordo. = Preguntado. Si cuando bolvió a bordo lo
hizo en compañia de dichos sugetos
ó solo fue: Dijo que todos tres
fueron a bordo en el botecito de la goleta California. = Preguntado con que
obgeto fueron á bordo de la fragata, y que es lo que pasó

50

a esas horas en dho. Buque con
respecto á efectos que salieron de
aquel Buque y dijo sobre el particular todo lo que ocurrió dijo
Que luego que llegaron á bordo se
dirigieron á la escotilla de proa
y sacaron de la bodega un tercio
de café el que luego condujeron á
la plaza en el mismo botecito y
que al desembarcarlo se presentó un
hombre que se lo quitó y juzga
que este sugeto hera oficial del
resguardo. Que el objeto de llevar
el café á tierra era para venderlo
al referido José Carmen con quien
lo tenia ya tratado su compañero
Franco. = Preguntado que otros efectos
sabe han sacado del Buque: Dijo.
que el no á sacado nada mas, pero
que á oido decir á los otros marineros que el velero de este buque

## SELLO SESTO DE OFICIO

Habilitado provisionalmente por la Aduana marítima del puerto de Monterrey, en el Departamento de las Californias, para los años de mil ochocientos cuarenta y cuatro y mil ochocientos cuarenta y cinco.

Micheltorena.

Pablo de la Guerra.

vendió en tierra una pieza de
pañuelos de seda, que no sabe
á quién pero se presume que
sería al referido Sastre Harner.
Preguntado: Si sabe ó tiene que
decir mas sobre el particular =
dijo: que no sabe mas que lo
dho. es la verdad á cargo del juramento que tiene hecho en lo
que se afirmó y ratificó leido
que le fue espresando ser
de edad veinte y nueve años, estado
soltero profesión Marinero el que en
mi presencia firmó = Pedro
Narvaez = Guillermo Hams.
En seguida hice comparecer al
marinero del mismo Buque Jn.
Henrriquez de nación Irlandes
el que juramentado segun
derecho y como catolico: Dijo:

llamara como pueda oir, y ve agan
todo. Con que se ocupó Vmd. y
en compañía de que sugetos andabo
paseando. Dijo que despues de las
ocho se fue a la golita Nacional
California en compañía de el
primer declarante, y otro llamado
Juan, y que llegando a dha.
golita se les agregó otro llamado Eduardo
Homan y se fueron a tierra a
la casa de José Haruel contenero
de este Puerto, donde despues de haber tomado todos un poco de agua
diente dieron una buelta por la
poblacion, a poco regresaron a la
misma casa donde estubieron mas

provisionalmente por la Aduana marítima del puerto de Monterrey, en el Departamento de la
para los años de mil ochocientos cuarenta y cuatro y mil ochocientos cuarenta y cinco.
lö lultorena.

Pablo de la Guerra.

conseguir dinero le respondió
el declarante que no saben dende
tener pues que solo sacaron a venden
efectos a su cuenta tendrá que
aun no le tenía cuenta, pues que
deseaba guardar sus sueldos para
bolver a su país; a lo que se
plió el mencionado José Harne
que él no pulsara ninguna de
dificultad en buscar dinero pues
que siempre compraba efectos a precios bajos a los buques
Valleneros que trafican en la
costa, despidiendose del declarante encargandole que
no entrase inmediatamente
a la casa para insistir las sos-
prechas de los que se hallaba
allí, de haber tenido conberga-
ción con el espresado declaro

54

y Tribunales de la República.

que á poco se fueron, y regresan-
tado la puerta el declarante y
le abrieron recien con sus compañeros
volvieron á beber una copa cada
uno: Antes ya le habia dho en la
conversacion que habian tenido fuera
que le llevaran pinturas, clavazon,
&c &c. por que deseaba hacer una
casa y que le compraria completas
todo lo que le llevaran pues tenia en
su casa una pieza en lo alto
para guardar con seguridad lo que
le llevaran á bender, sin temor
de ser descubiertos. Que de aqui se
volvieron á bordo todos tres dejando
antes en la goleta California
á Eduardo y marcharon pa
la Magota dhos tres subieron
á ella y el declarante teniendo el bote por la proa
55

# SELLO SESTO DE OFICIO

Habilitado provisionalmente por la Aduana maritima del puerto de Monterrey, en el Departamento de las Californias, para los años de mil ochocientos cuarenta y cuatro y mil ochocientos cuarenta y cinco.

Micheltorena.

Pablo de la Güerra.

del Buque mientras a ′quellos
habrieron la escotilla de proa
y sacaron un saco de cafe
el que recibio el que declara
en el botecito y de alli se em
barcaron para llevarlo á
tierra, desembarcado que hace
se los presento un hombre
a quien no conoce y supone
ser oficial de la Aduana
Maritima, que por temor
de no ser aprendido se Regre
saron á bordo dejando el cafe
en tierra á Mandonado que
por estar Vastante embriagado
no lea cuerda á que Buque
regresaron, que durante la emara
cacion que tubo en el dueño
de la casa lea cuerda que le dijo
el enunciado Masud que el

56

Destinado solamente para las causas criminales que se sigan de oficio en todos los Juzgados Tribunales de la República.

mismo haber abierto a' sacar pi-
pas, de licor de a' bordo de diferentes
buques sin que lo hubiere sabido nadie: que Harmen le pidió
que sacase algunos generos azules
o' colorados de algodon o' de
lana que lo necesitara a lo que
contestó el declarante diciendo que
los sacaría de su cuenta a' bordo par
venderlos y respuso el otro que no
le convenia asi, que mejor era
que los sacara particularmente que
asi le tendria mas cuenta, encargandole que no pasase por la
calle principal, sino de tras de
las casas para dar vuelta al otro
corral de la dicha casa de Harmen
que a' cualquiera hora de la
noche le tocase la puerta

57

# SELLO SESTO DE OFICIO

Habilitado provisionalmente por la Aduana marítima del puerto de Monterrey, en el Departamento de las Californias, para los años de mil ochocientos cuarenta y cuatro y mil ochocientos cuarenta y cinco. Micheltorena.

Pablo de la Guerra.

que el mismo se le asignó pues que dormía sobre el mostrador, que no tubiera cuidado de pasar una mala noche pues que le franquearía una cama apensada en su casa. Preguntado = Si sabe que otros géneros hubieron sacado de á bordo cuando, y quienes han sido. Dijo no. Sabe mas si lo que lleba declarado: que todo lo dho. es la verdad a cargo del juramento hecho en lo que se afirmó y ratificó, leída que le fue esta su declaración que firmó en mi presencia y del Sor. Consul de S. M. B = Narvaez. = É YK Mediatamente hizo comparecer al velero de dho. Buque Guillermo Brown al que tomadole el juramento de ordenanza fue = Preguntado Si sabe que

alguno haya estraido algunos efectos de
á bordo y vendido en tierra y en este la
diga á quien y todo lo que sobre el
particular sepa. = Dijo que jamas h
tomado nada de a bordo ni sabe
que otro alguno lo haya hecho. Qu
solo tomó hace tres meses un peda;
de lona de quince varas perteneciu
á este buque con intencion de hac
pantalones para su uso, que una
vez le habló el Sõr. Hamer comercia
te en tierra con respecto á comprar
ropa hecha, mas no entendia el declarante que habia de conseguir esto
por medios ilícitos, que á la unica
vez que ha hablado con él, y es cua.
to tiene que declarar. = Preguntado que
sabe sobre la estraccion de un tercio de
café, quienes la verificaron y á que hor
= dijo que él estubo de Guardia desde

59

# SELLO SESTO DE OFICIO

Habilitado provisionalmente por la Aduana marítima del puerto de Monterrey, en el Departamento de las
Californias, para los años de mil ochocientos cuarenta y cuatro y mil ochocientos cuarenta y cinco.
Micheltorena.

Pablo de la Guerra.

las diez de la noche hasta cerca de
las doce, y que en todo este tiempo
reynó el mayor sociego en el Buque.
Que despues se retiró á dormir que
solo hoyó la burga ó miedo que
hubo á la llegada del Comand.te
del Resguardo y que entonces supo
que los enunciados marineros habian
estrado un saco de Café, que es
cuanto sabe y puede declarar;
que todo lo dicho es la verdad
á cargo del juramento que tiene
hecho en los que se afirmó y ratificó leida que le fue su declaracion, firmandola en mi presencia
y del Sor. Consul de S. M. B. =
= Pedro Narvaez. =

Yncontinenti hice comparecer al
marinero que se hallaba de Guardia
en el referido Buque á las horas
que se perpetró la estraccion de
efectos al que hecho el juram.to

60

de ordenanza dijo llamarse Henr
Battener. — por Preguntas — lo que ha
se recibió de la guardia, a quien rele-
de ella, y si durante su guardia
o tiempo antes de ella algunos de sus
compañeros que sacaron algunas vela
de la vadga, y dijo especificadamente
todo lo que supo en el particular
dijo: que se recibió de la guardia de
quarto antes de las doce de la noche
relevando al maestro Velino, que com
cinco minutos antes de la una, bajo
el declarante al rancho de proa
de permaneció cerca de cinco mi
nutos, y luego subió sobre cubierta
y en cuatro que habían llegado
un botecito de tierra a Fran.ᵃ Henr
Marinero del mismo Buque y se
ante dho. Juan de la Goleta
feral California dirigiéndose esto
a la escotilla de la proa, que

# SELLO SESTO DE OFICIO

Habilitado provisionalmente por la Aduana marítima del puerto de Monterrey, en el Departamento de las Californias, para los años de mil ochocientos cuarenta y cuatro y mil ochocientos cuarenta y cinco.

Micha Buena.

Pablo de la Guerra.

a ese tiempo observaron a aquellos
al declarante y disistiendo de su
intento se retiraron por el
lado opuesto del declarante, al
principio creyó este que eran
marineros del Buque ballenero
frances y por temor de ellos
se aproximó a jpopa para
llamar al piloto, mas reteniendo
á reconocerlos llegando á proa
le salió al encuentro uno de ellos
mas que diciendole ¿ tu eres Henrrique?
podras guardar un Secreto? Por q̄?
que vas hacer? a lo que Henrr.
le contestó que hasta que todos
hemos sido ladrones segun la
fama que tenemos en este bu-

que se hallaba por las expresiones
del otro, diciéndole por segunda
vez de dos cosas harde escoger una,
ti eres con nosotros derramaré mi
sangre por la tuya, y si heras
en contra de nosotros derramaré
la tuya, y temiendo el que se
declaró que verificara la amenaza
no oso venir a propa a dar á
eso quedándose allí. Que en se
guida Fran.co le puso al declaran
te un brazo sobre los hombros
y lo llevó por la obra muerta
procurando persuadirlo por que
tomase parte en el robo que
hiba hacer, y el declarante
procuró disuadir a aquel de
su mal intento, mas no
asiente a ello le dijo el que

63

declara que por su parte
no se metería en nada, a lo
que respondió Ram.do solo
una cosa tienes que hacer
y es el de que te pases
al otro lado de la cubierta,
lo que verificó el decla-
rante, y paseandose ob-
servó lo que estaban a'
siendo, aquellos, le aproxi-
a' proa y veó al mari-
nero Guillermo Harris
quien le dijo que a' como
dará ese chicote en
cuanto yo me baje dicien-
do por los obenques del
bauprés, y mirando el de-
clarante por abajo veó el
bote pequeño de la goleta

California conteniendo tres
hombres dentro que son los
mismos que tiene retacionados
al momento se desatracaron
del buque dirijiendose para
la playa, no pudiendo dis-
tinguir ni saber lo que lle-
varon del buque; que a pocos momentos rindió su
cuarto de guardia y luego
se bajó a dormir, que a
poco sintió bulla a bordo y
que no habían desembarcado
en tierra solo que los marineros referidos habían caido
que es cuanto en el particular
sabe y oservó durante su
guardia que todo lo que
tiene dho. es la verdad

Habilitado provisionalmente por la Aduana marítima del puerto de Monterrey, en el Departamento de la
Californias, para los años de mil ochocientos cuarenta y cuatro y mil ochocientos cuarenta y cinco.
Mis la laguna.

Pablo de la Guerra.

a cargo del juramento que tiene
hecho en lo que se abisno, y
ratificó leida que le fue
esta su declaración y lo firmó
con migo y en presencia del
Sor. Cónsul de S. M. B. Dn.
Diego Forores.— Pedro Narango
Inmediatamente
hice comparecer al marinero
de la Goleta Nacional Cali
fornia y Preguntado por su
nombre dijo llamarse
Eduardo Thomson natural
de los Estados Unidos, y
habiendole tomado el Jura
mento de ordenanza Luí
preguntado con quienes se
acompañó la noche
del treinta y uno de
Marzo ultimo, donde estubo

66

y á que horas se fue á ver
el buque: Dijo que se acompaño
con uno de sus compañeros de
su buque llamado Juan, y dos
de la Fragata Americana "San
Valia" que estando el declarante
á bordo fueron estos á incitar
lo á que fuese á tierra y
les acompañó, como á las
ocho de la noche fueron en
casa del Cantinero Harmer
con objeto de ver, y que
alli salieron á pasear. =
Preguntado. = Si observó que
alguno de sus compañeros tu
viese alguna conversacion de
cretta con el referido Can=
tinero Harmer; Dijo que el
Marinero "Juan" salió al

# SELLO SESTO DE OFICIO

Habilitado provisionalmente por la Aduana marítima del puerto de Monterrey, en el Departamento de las Californias, para los años de mil ochocientos cuarenta y cuatro y mil ochocientos cuarenta y cinco.

Micheltorena.

Pablo de la Guerra,

patió con el Ex.ᵒ tabernero permaneciendo como mas de una hora fuera, que entonces el declarante le habían ido para otra parte le dijo al cajero ó moso de la taberna que el que declara pagarán el importe de lo que se habían servido, mas en el acto de salir los tres compañeros entró del patió el Ex.ᵒ Tron.ᵉⁿ diciendo que había estado fuera, entonces se salieron todos á pasear derigiendose á las calles de la poblacion á poco volvieron á la otra taberna vinieron un poco y todos se embarcaron

68

en el botecito de la Goleta
California tubieron el referido
declarante por instancias de
su compañero Juan diciendole
se fuese à bordo, que el lle-
varen à los otros compañeros
à la Buque que era la
Bandalia ò bien que esta
va seren y habiendose el
declarante llegado à dormir
no tardo en regresaron à tierra
ò se fueron à bordo, que
como seren de una hora
regresaron los dos pertenecientes à la Bandalia
diciendole que selebantase pa
conducirlos à su buque por
que habian vuelto à tierra
y habian dejado al citado
69

# SELLO SEXTO DE OFICIO

Habilitado provisionalmente por la Aduana marítima del puerto de Monterrey, en el Departamento de la California, para los años de mil ochocientos cuarenta y cuatro y mil ochocientos cuarenta y cinco.

Micheltorena.

Pablo de la Guerra.

Juan en la plaza, mas
que como todos estaban
tan embriagados no apercibió, el que dando mas
razones que estas no dejas
nada accediendo al deseo de
los otros los condujo en la
bote de la Goleta a la Bandalia, y inmediatamente
se restituió a la barca sin
no llevando nada en el bote,
los otros, que de allí se a'
costó a dormir y no sabe
mas lo que se hederá des-
pues. Preguntado. Si sabe
que algunos marineros han
llevado efectos a tierra
a vender diga, quienes han
sido que clase de efectos
a quien se los ha vendido

70

Destinado solamente para las cosas criminales que se sigan de oficio en todos los Juzgados y Tribunales de la República.

dijo que tocante á las preguntas que
se le hacen ignora absolutamente, que
no sabe nada. Que es en cuanto en el
particular sabe y ocurrió durante el
tiempo que anduvo en su compañia
que todo lo que tiene declarado es
la verdad á cargo del juramento que
tiene hecho en lo que se afirmó y
ratificó leida que le fué, esta su
declaracion la que firmó conmigo
y en presencia del Sor. Consul de
S. M. B. = Narvaez =

29 X

Concluidas estas simples averiguaciones y resultando en ellas complice
como comprador de los efectos estraidos
de la Fragata "Vandalia" el estrangero Cantinero en este Puerto José
Harner pasen dhas. averiguaciones
al Juzgado Civil de este Puerto para
que este aclare el robo perpetrado
por los marineros del referido bu-

que entregandose juntamente cinco marineros que se hallan en los
Calabosos del principal = Monterrey Abril dos de mil ochocientos cuarenta y cuatro. Pedro Narvaez = I do hereby certify that
the foregoing affidavits were taken
in my presence, and that the —
proceeding relative thereto, have
been conducted to my entire satisfaccion in consequence of which,
the British subjets Francis Henry
& William Brown have been
placed en comprement until the
arrival of some one of H B. M.
vessels of war that they may be
embarked therein. Monterey abril
3. 1844. = James A Forbes Vice Consul to H B. M = Ahora que son
las nueve de la mañana del dia dos

294

este partido acabo de recibir del Sor Capitan de Puerto Don Pedro Xarvaez las
Declaraciones tomadas á cinco extrangeros
é incluso el oficio de remision por robo que estos cometieron en la Fragata
Americana Valdelia y para aclarar
la verdad de este hecho mandra levantar
este auto cabeza de proceso á cuyo tenor
y demas diligencias que se practiquen
se examinen los testigos que pudieren
ser habidos y saberse del caso, agreguen-
bose á este las expresadas Declaraciones
constantes de ... utiles y el oficio de
remision. Asi yo el Juez mencionado
lo decrete mande, y firme con los de
mi asistencia = Jose Amesti = Jose
Antonio Chavez de asistencia = Jose Francisco Alvarez de asistencia = En la
misma fha habiendo recibido del Sor
Alcalde segundo Don Florencio Serrano
las actuaciones practicadas por el reconocimiento que hizo en la Casa del
extrangero Jose Marner constantes de
tres fojas utiles el oficio que al expresado Sor Alcalde dirijio el Sor Capitan de Puerto y la comunicacion

242

73

# SELLO SESTO DE OFICIO

Habilitado provisionalmente por la Aduana marítima del puerto de Monterrey, en el Departamento de las Californias, para los años de mil ochocientos cuarenta y cuatro y mil ochocientos cuarenta y cinco.

Micheltorena.                                           Pablo de la Guerra.

de remisión y uniéndose todo á estos
autos, procedase á hacer las investigaciones necesarias hasta sacar en
claro la verdad. Así por el Señor
referido mandé, y firmó = Dn
Muerte = así Antº. Chavez = así Francisco Chavez = En el Puerto de
Monterey á primero de Abril de
mil ochocientos cuarenta y cuatro
Florencio Serrano Alcalde 1º
Constitucional actuando por receptoria por cuanto ahora que son
las once de la mañana acabo
de recibir el oficio que antecede
por el que el Capitan de Puerto pide se haga uno escrupuloso
reconocimiento en la Casa de Don
Jose Aguer á fin de aclarar la
verdad con respecto al robo acaecido en la Fragata Americana
Vandalia que se halla a la ancla en este Puerto pasé inmediatamente a dha Casa en union
del Sobrecargo Don Guillermo Howe
ard y de Don Comad O Larkin
para que sirviera de interprete

74

este último á fin de tomarle una Declaracion al Dependiente de la Casa llamado Molton Sinte el que juramentado
segun su creencia como protestante dijo: llamarse como queda dicho natural de los Estados Unidos soltero
y de edad de treinta años = Preguntado
si sabe o ha visto que el Dueño de
la Casa halla comprado algunos efectos á los marineros de la Fragata Van-
Dalia, ú otros de cualquiera Buque contestó: que solo hace tres semanas se
halla en la Casa por cuya causa ignora los tratos del Dueñe y que en este
tiempo solo ha comprado el que declara á los jovenes marineros una cha-
queta usada para su servicio y un
pañuelo algodon para vender en la tienda á cuyos jovenes no conoce de nombre ni sabe á que Buque pertene-
cen, mas si se los presentan podrá
conocerlos. Preguntado que personas
concurrieron anoche en la Casa á
que hora y que digan sus nombres si
los sabe contestó: que despues de las
ocho llegaron á dicha Casa cuatro
marineros de los cuales uno llamado

75

Californias, para los años de mil ochocientos cuarenta y cuatro y mil ochocientos cuarenta y cinco.

Micheltorena.                                        Pablo de la Guerra.

Juan pertenece á la Goleta Nacional California, otro llamado Guillermo y otro que no sabe cierto si se llama Federico ó Francisco, no sabiendo el nombre del otro ni á que Buque pertenece. Preguntado si los referidos marineros solo estuvieron en la Tienda ó si pasaron á lo interior de la Casa y si oyo ó supo la conversacion que pudieran haber tenido entre si ó con el dueño de la Casa contestó que estuvieron en la Tienda y en la pieza inmediata tomando licor y que como habia otras muchas personas conversaban sobre distintos asuntos pero que no percibio cosa de tratos ni contratos. Preguntado á que hora se retiraron los marineros si volvieron despues y si observó que el teniente hablase á solas con alguno de ellos fuera de la Casa tirja: que estuvieron varias veces yendo y viniendo que la ultima de estas eran mas de las diez de la noche cuando se retiraron y que no vió á Don Warner que salía

Debiendo solamente para las causas criminales que se siguen de oficio en todos los Juzgados y Tribunales de la República.

29 C.

á fuera á hablar con ninguno de dichos marineros y no sabe mas que lo dicho es la verdad á cargo de su juramento. En tal estado mandó suspender esta declaracion para continuarla siempre como y cuando convenga lo que firmó conmigo el declarante el interprete y los de mi asistencia. = Floren- cio Serrano = Milton Little = Tomas O. Larkin = asº Antº Chavez = asª Am- brosio Gomez = Incontinente pasé á la tienda con el Sobrecargo Don Guillermo Haward el interprete Don Tomas O. Lar- kin el Sor Capitan de Puerto Don Pedro Narvaez el dueño de la Casa Don José Hamer y los de mi asistencia con el fin de hacer un escrupuloso exâmen para ver si se encuentran en los efectos exîstentes algunos de los comprehendidos en el hurto. Verificado el exâmen

gumento de su Buque, y preguntado
á José Harner como las hubo contestó
habérselas comprado hace cuatro dias á
un marinero en valor de cuatro pesos
por las dos llamado Francisco de
la Fragata Van Dia. Preguntado
si ha comprado alguna otra cosa mas
á este á otros marineros contestó
que hace dos semanas compró dos
pares zapatos pero que este fue á
los marineros del Buque Frances
Ballenero y contestó mandó entre=
gar las dos gorras al Sobrecargo
Don Guillermo Howard el que las
recibió y dijo no encontrar mas
efectos en toda la Casa que conoce
ser pertenecer á su cargamento y
para constancia lo firmaron con=
migo dicho Sobrecargo el Capitan
del Puerto Don Pedro Narvaez el
dueño de la Casa Don José Harner
y los de mi asistencia = Eugenio Ser=
rano = Guillermo Howard = Pedro
Narvaez = José Harner = a r. Antonio
Clarcy = a r. Ambrosio Gomez = Ca=
pitan de Puerto = Hallandome in=
trujido unas reclamaciones á algu

29 C.

nos marineros de la Fragata Yendolia? sobre robo de efectos que han hecho estos, y apareciendo cómplice como comprador el cantinero vecino de este Puerto José Harner, he de merecer a V se sirva pasar en compañía del Sobrecargo de dicho Buque a hacer un escrupuloso reconocimiento a la Casa y efectos de la Tienda, para ver si se encuentran algunos de los estraidos del referido Buque. Tan luego como concluya dichas averiguaciones las pasaré a sus manos así como los reos que resulten cómplices en el hecho = Dios y Libertad Monterey Abril 1.° de 1844 = Pedro Narvaez = Sor Alcalde 2.° Adicional de este Puerto = Juzgado segundo Constitucional = En virtud de haber sabido aunque extrajudicialmente que han pasado a V las Diligencias practicadas por el Sor Capitán de Puerto en averiguación del robo en tres fojas utiles el expediente que se había abierto acompañandole también el oficio antes citado, para que obre todo en ese Juzgado de primera instancia Donde corresponde el conocimiento de esta causa. Con este motivo ofrezco a V. las consideraciones de mi aprecio. = Dios y Libertad. Monterrey. Abril 5 de 1844. = Florencio Serrano = Por Sor. Juez de primera Ynstancia Don José Amesti. = Habiendo estado suspendido el curso de esta causa desde el día dos de Abril, que remitió la comunicación el Sor. Capitán de Puerto, por estar el Juez ocupado en asuntos no de menos importancia, y por haber habido varios días festivos; hoy que no lo esta' procede a tomar las investigaciones. Asentamos: el espresad

Destínable solamente para las causas criminales que se sigan de oficio en todos los Juzgados — Tribunales de la República.

80

Juez, hoy nueve de Abril del
espresado mes y año, así lo mando y firmó.— José Ho. mante-
asistencia. José Ho. Chaves. asi.a
José Fran.co Alvarez. En el
Puerto de Monterey a los diez
días del mes de Abril de
mil ochocientos cuarenta y
cuatro, hize comparecer en este
Juzgado de mi cargo al marin-
ro de la Goleta Nacional California Francisco de Silva a efecto
de tomarle su declaración inda-
gatoria. Y juramentado enbur-
ma de Do. fué preguntado
por su nombre, edad, estado, y
religión dijo: llamarse como

## SELLO SESTO DE OFICIO

Habilitado provisionalmente por la Aduana marítima del puerto de Monterrey, en el Departamento de las Californias, para los años de mil ochocientos cuarenta y cuatro y mil ochocientos cuarenta y cinco.

Micheltorena.

Pablo de la Guerra.

que es lo que sabe del robo
cometido el día treinta del
ppʳ: ni sabe quienes fueron
los que lo egecutaron y que
diga cuanto sepa sobre el
particular: dijo: que la noche
del treinta del ppᵒ, estubo
el declarante á bordo de la
Goleta Nacional, y que como
á las seis de la tarde de esa
misma noche le dijo
el marinero de la misma
Goleta llamado Eduardo Tomson
que huió en el bote á la Fragata Sandalia á comprar
un sombrero: que como á las
siete de la noche regresó á la
dhª Goleta en compañía de
dos Marineros de la Fragata
Sandalia, que uno de ellos

se llama Fran.co Henriquez, y que
al otro no conoció, que en una misma hora pusieron el botecito de dha.
Goleta y se pusieron en tierra
y que no volvió a saber de ellos
hasta cosa de las diez de la noche
que fue cuando fueron a bordo
de la Goleta y que luego se volvieron
a retirar, que él no vio bien en
los tramites en que andaban pues
que aunque es cierto que los sintió no los pudo levantar de su
cama, que la ultima vez que
atracaron el bote fue como a
las dos de la mañana y que en
seguida se presentó en dha. Goleta
el comand.te del vergueroso, y
que entonces supo que hiba
en busca de unos marineros á

83

# SELLO SESTO DE OFICIO

Habilitado provisionalmente por la Aduana marítima del puerto de Monterrey, en el Departamento de las Californias, para los años de mil ochocientos cuarenta y cuatro y mil ochocientos cuarenta y cinco.

Micheltorena.

Pablo de la Guerra.

quienes les habían quitado con
tercio de leña, y que no te
ría mas que decir que lo
dicho es la verdad como lo tiene
ofrecido y lo firmé yo el
juez con los de mi asistencia
no haciendolo el declarante por
que dijo no saber.= José de
Ameste.= asistencia José
Antonio Chavis. asistencia
José Franco. Alvarez.=

En seguida compareció el
marinero de la Goleta Nacional California Fran.co

y de Religión: la c. M. R
preguntado que es lo que sabe
a cerca del robo que el dia
treinta del [?] se hizo en la
Fragata Bandalia, di sabe que
fueron y que diga cuanto
sepa sobre el particular dijo: y
absolutamente sabe nada — y
ignora toda pregunta que
se le haga relativa a ese asun
pues aun que es cierto que se
hallaba abordo de la Goleta, p
estaba gravemente enfermo de
poder salir un instante de la
Cama, y que no tiene ma
que decir que lo dho. es la
verdad por el juramento que
tiene hecho en el que se a
firma y ratifico y lo fir

85

# SELLO SESTO DE OFICIO

Habilitado provisionalmente por la Aduana maritima del puerto de Monterrey, en el Departamento de las Californias, para los años de mil ochocientos cuarenta y cuatro y mil ochocientos cuarenta y cinco.

Micheltorena.

Pablo de la Guerra.

yo con los de mi asistencia
no asciendo el declarante por que
dijo no saber. José de Arneste
asistencia José A. Chaves. cristian
José María Alvorez. = A Con-
tenuacion hice comparecer á
José Chales marinero de la Goleta
Nacional California soltero y
de religión protestante; y ha
biendo prestado juramento por
Dios y la biblia dice preguntado que a lo que sabe a cerca
del robo cometido en la Fragata
Bandalia el dia treinte y del
mes ppo. y que diga cuanto
sepa sobre el particular dijo:
que como a las seis de la tarde
d dho dia vio que el marinero de
la misma goleta Edwardo Tomsun
tomó el boleito diciendo que
hiva aboro de la Fragata Ban
dalia en las mesas, del

nen a dos marineros de la Fragata
Candelia á los cuales no conoce
de nombre, y que en esa misma
hora todos tres juntos se fueron
para tierra, y que desde esa hora
ya no supo el paradero que
habrian tenido hasta cosa de las
dos de la mañana, que fue cuan
do el Comandante del Resguardo
se presentó abordo diciendo que
habrian quitado un tercio de café
á tres marineros que habrian
saltado á tierra en el bote de
la Goleta California, y que de
le enfirió habrian sido ellos
y que no sy tiene mas que

# SELLO SESTO DE OFICIO

Habilitado provisionalmente por la Aduana marítima del puerto de Monterrey, en el Departamento de las Californias, para los años de mil ochocientos cuarenta y cuatro y mil ochocientos cuarenta y cinco.

Micheltorena.                                    Pablo de la Guerra.

decir que lo dho. es la verdad
en lo que se afirmó y ratificó
y firmó yo con los de mi
asistencia no haciéndolo el
declarante por ser dijo no
saber = José de Arnate = asistencia José H. Chaves = asistencia José
Fran.co Álvarez = Seguidadamente previa citación de
estilo compareció D.n José Harner Ciudadano de los Estados
Unidos y del Comercio de esta
Capital de Religión protestante, quien juramentado en
forma de su Religión fue
preguntado por su nombre —
Edad, Estado, Ejercicio y Religión
dijo, llamarse como queda dho.
de edad de veinticuatro años sol-

que es lo que sabe del robo
se hizo en la Fragata Am
Vandalia el dia treinta o
pasada si sabe quienes fue
y que diga cuanto sepa sobr
particular dijo que ignora l
se le pregunta que unicamente
presente que el dia veinte y s
del ppᵈᵒ como á las siete
noche fué á la casa del dec
un marinero chaparrito de
Fragata Americana Vandalia
que á vista de porcion de car
rencia le vendió dos cachue
de prana con visera embarn
en dos pesos cada una que al
siguiente ó á los dos dias se
sentaron en la casa del de
te el Sor. Alcalde 2.º Dn. Ju
cio Serrano, Dn. Guillermo

89

# SELLO SESTO DE OFICIO

Habilitado provisionalmente por la Aduana marítima del puerto de Monterrey, en el Departamento de las Californias, para los años de mil ochocientos cuarenta y cuatro y mil ochocientos cuarenta y cinco.

Michelorena.

Pablo de la Guerra.

Ward y D. Pedro Narvaez á prac-
ticar un reconocimiento en los efectos que su tienda tenia para ver
si aparecian algunos de los pertenecientes al espresado D. Guillermo
y que despues de practicado dho.
reconocimiento no fueron encon-
trados mas efectos que las dos cachuchas referidas que se entregaron á dho. Sor. Preguntado
que personas estaban presentes
la noche que compró á dho. marinero las cachuchas y si despues
de haber tratado con él volvió
á tener alguna conversacion secreta
con él y á que horas se acostó, y á
como se llamaba el espresado Mari-

ninguna clase, que se...

las once de la noche, y que no sabe como
se llama el referido Marinero = Preguntado si trató de comprarle ó le compró á alguno de los Marineros de la
Fragata (Vandalia) ó á algun otro indivi
duo algun tercio de café dijo que no =
En tal estado mandó el Juez suspender esta declaracion para continuarla
siempre; como, y cuando convenga y
declarante dijo que lo dicho es la verdad
como lo tiene ofrecido y lo firmó conmigo y los de asistencia = José de Anes-
ti = José Harner = Asistencia José Ant.
Chavez = Dn. José F. Alvarez. = En
el Puerto de Monterey a los ocho
dias del mes de Mayo de mil
ochocientos cuarenta y cuatro yo
Marcelino Escobar Juez de 1ª,

91

# SELLO SESTO DE OFICIO

Habilitado provisionalmente por la Aduana marítima del puerto de Monterrey, en el Departamento de las
Californias, para los años de mil ochocientos cuarenta y cuatro y mil ochocientos cuarenta y cinco.

Micheltorena.

Pablo de la Guerra.

interino por ausencia del pro
pietario habiendo visto estos autos
por los que resultan que el estran
gero José Harmer que de en
fermedad natural murió a pre
sidios del sur &c. &c.: por las
investigaciones que se hicieron
nose le justificó la complici
dad que sele imputó por
los delincuentes que es hostible
que estos así como han conbe
sado lisa y llanamente que
se rollaron dela Fragata Bonda
lin un tercio de café, hayan
vendido uno delos mismos á
otro diferente, las dos cachuchas
que sele haprehendieron cuya
compra no debe entenderse
como por delito que el sobre
cargo del espresado Sargen no

92

Destinado solamente para las causas criminales que se sigan de oficio en todos los Juzgados y Tribunales de la República.

hú presentará lista de mas e-
fectos de los aprehendidos que se
le entregaron y se han retirado
de este Puerto, y que el Juez
no tiene datos para inclinarse
a la indagación de otro delito
más del que confesaron los
reos en esta causa. Mando
se pase testimonio legal de esto
al Sor. Capitan de este Puerto
a fin de que según sus faculta-
tades, provea y disponga en
ella, a cullo efecto se pongan
a su disposición los mencionados
acusados que se hallan ase-
gurados en la carcel pral.
y se archive este espediente

93

en el Juzgado. El Juez proveió
así lo que decreto y firmó con
dos testigos de asistencia. Mar
celino Escobar.= asistencia José
Mª Chans.= asistencia José
Franco Alvarez.

Hoy diez y siete de Mayo
de mil ochocientos cuarenta
y cuatro, para este expediente
preomitive, el Sor Capitan de
este Puerto Dn Pedro Narvaez
Constante de veinte y cuatro fs
utiles y el oficio de remision
ps Constancia lo anoto y rubrico.

1844 – May 23.

Consigna Manuel Crespo al S.r D. Juan B.ta
R. Cooper p.a su venta en la Alta California lo siguiente—

7 Rebozos ordinarios con principal
de veintiun p.s Docena
6 Rebozos de niña, ord.s con p.l de
doce p.s Docena

Total — 24

Puerto de Mazatlan Mayo

23/844.

Manuel Crespo

95

Mr Crespo.

■ C. B 34 : 31

31

Monterey Junio 1º de 1844

Mis amadísimos hijos Jose de Jesus, Guadalupe, Salvador y Rosalía.

Faltara yo a los deberes de una madre Cristiana y amante de sus hijos si dejara con el motivo de tener q.e subir para esos rumbos el Sor. Obispo a hacer su visita de daros cuatro palabras de consejo Materno; pues a ello me obligan tanto la naturaleza y amor entrañable q.e os profeso, como la obligacion sagrada q.e cada Madre tiene para procurar la felicidad eterna de los aquienes ha dado el ser. En primer lugar pues, queridos hijos mios os encargo q.e cuando llegue d.ho Sor Illmo. donde os halleis, le recibais con todas las demostraciones esteriores de honor y respeto debidas a su sagrado Caracter de Principe de la Iglesia y Diocesano vuestro, y q.e no dejeis de solicitar su bendicion y de concurrir a sus platicas. Mas sobre todo os recomiendo con todas las veras de mi corazon q.e no dejeis de aprovecharos de las instrucciones verdaderam.te santas y saludables que desde la catedra de la verdad le oireis impartir a su rebaño; y espero in Dios q.e su Divina Magestad os dará á todos la gracia de hacer una buena confesion de todos los pecados pasados, y q.e os facilitará los medios de vivir como verdaderos Catolicos de aqui en adelante. Pero al mismo tiempo q.e confio tanto en la inmensa misericordia del Sor. supuesto q.e vosotros querrais por vuestra parte ser ahora dociles á sus divinas inspiraciones; no dejo de temer y con mucho fundamento, su justa indignacion en caso q.e desgraciadam.te no quisieseis aprovecharos de tan buena coyuntura para propiciarle; pues aunque es una verdad infalible q.e es muy sufrido y que no desea la perdicion de ninguna de sus criaturas, pero tambien lo es que bien sabe retirar su gracia de los q.e perseveran por mucho tiempo en hacerse sordos a sus llamamientos, pues aunque sufrido, no consiente q.e se le burla impugnem.te

Estas cuatro palabras q.e os dirijo no las mando por ceremonia, ni solo por que lo considero de mi obligacion el hacerlo, sino por que os quiero entrañablemente y deseo vuestra felicidad eterna, y por que tanto es el dolor que me causa el solo pensam.to la posibilidad vuestra perdicion, q.e muchas veces mas bien quisiera no haberos parido que

Con tales Zozobras.

Dios os bendiga hijos de mi alma y os de a vosotros y á mi la gracia q.ᵈ tanto necesitamos y q.ᵉ no dejará de pedir a su Divina Majestad

Vuestra Amantísima Madre y mejor Amiga

Mª Antonia Lugo

C.B. 34; 32

El encomedor, de caballada q.e s.ra
con confidencia de causa, se me an
presentado en un hecho suf.te
diciendome q.e la mucha abunda
ncia de america i, q.e anda con este
mar de Suter consigiendo y ancom
prando la caballada q.e reclam
lo rendis, q.e esto lo mulilica de
Suten, particular: q.e diches
americanos, tienen su granza
coreal en el valle. lo q.e digo en
cumiento à V.s por lo q.e mejor
convenga. —

Sor. Juez d.l S.n Ynst
ancia Monte=
Rey

Dios y Libertad

S.ⁿ Fran. Bˡᵃ Junio 4 de 844.

(este documento es de precio, y Obró
de Dⁿ Angel Castro en 1841
juez de paz de San Juan
Bautista)

99

Yerba Buena Junio 26/44

Sõr Don José Jesus Vallejo.   33

Muy Señõr mio,

Sentio mucho qe no mandamos mas
arina a Monterey, por la cuenta de V
pero mucho del arina habia sido tanto
tiempo en los costales qe estaba algo
pasado, Por eso yo consideraba mas por
su interes de recibir trigo arina del
trigo nuevo, y, si V dira a mi, quien
recibira en Monterey, por cuenta de V,
cada vez qe va un buque mandar
lo qe hay, molido —

Espero qe V y familia estan
en buena salud y manda

a su Affmo Amigo y Servidor

Guillermo Hinckley

101

c-B. 34: 34

Monterey Julio 6 de 1844

Muy S.̃ mio y amigo: recibí de d.̃
Santiago Negüila, p.̃ cuenta de V. quince
costales arina, y como el primero q.̃ abrí me
saliese de muy mala calidad asta el estremo
de poner en duda pudiera servir para comer
la jente; resolví abrirlos todos, y escojí diez q.̃
me parecieron menos malos, los pese y tiene
m bruto 58@15℔8 y neto 58@. Luego me
puse à florearla, y aun asi; dudo se pueda
bender p.̃ sumamente negra y llena de tierra
o piedra molida. A vista de lo dho, llame el
hermano de V. D.̃ Juan Ant.̃ y se la manifeste
para q.̃ como hermano suyo, pudiese dirisele
lo q.̃ abia bisto

Amigo; hacen muchos años que
conosco a V. y jamas he tenido un motibo para
dirir de V. otra cosa sino q.̃ era un sujeto muy
prolijo y mirado en todas sus cosas, y cuando

102

una experiencia tan dilatada no fuera suficiente
para acreditar lo q.e llebo d.ho, no ay mas q.e mi-
rar su persona para formar un juicio nada
equiboco

P.r todo lo q.e llebo dicho, infiero q.e el
molinero àquien V.d confió el trigo, ha abusa-
do de su confianza, baliendose dela mas negra
felonia p.a sus fines particulares.

Esta misma puede rebatirle à V.d para pre
sentarse ala autoridad q.e tenga p.r conbeniente
aciendole los cargos q.e tenga p.r conbeniente
y para ratificar la berdad, queda la d.ha
arina en mi poder asta la orden de V.d y
no ofreciendose otra cosa mande asu afmo.
q.e B. S. M.

Esteban Munzas

P. D.
La arina q.e llebaron
ala casa de Castañares
es buena; nose si es de
V. ono. Vale

103

Sᵃ Dʳ José de Jesus Vallejo

Pᵉ Fabor del Sᵃ Sⁱⁱ
Capitan Dⁿ Guillermo } Jose
Lidesdolf

Mi distinguido amigo y Señor.

Yo conozco por la bella alma y sentimiento bueno de V. que naciamos p.ª ser intimos
amigos el uno del otro; pero que por desgracia no
nos hemos entendido ó nos ha faltado franqueza
hasta ahora ¿ Por que pues p.ª indicarme sus
ideas p.ª defensa del pais no lo hiso V. directam.te
como puede y debe hacerlo, en cuanto crea conveniente á este Departam.to que V. debe amar, y q.e
á mi por obligacion y voluntad, aseguro á V. serme
tan querida como á V., y en cuya defensa y conser-
vacion respectivam.te debemos cifrar n.ra gloria
ó n.ro sepulcro... Es verdad que aprecio debi-
damente á los Cataranos; pero no lo es menos
que hoiga á todo el mundo, adocto lo que
me parece bueno de todos, y deseo que mis
resoluciones todas, aunque hijas de la conciencia
de la prudencia y del valor, sean buenas ó ma-
las, esclusiva y únicamente, se me atribullan
105

á mí, despues de refleccionarla, madurar &c.

He trabajado como verá V. en los Despachos adjuntos, en el bando de alistamiento y en
el reglamento q.e estan imprimiendo y mandaré
luego. Devuelva V. su cumplase y devuelvamelos
immediatam.te p.r dirigirlos, como tambien el bando
imponiendose y sacando copia de él, y por falta de tiempo y brazos, ordene cuanto guste á
este su sincero amigo y atento servidor q.e
B. S. M.

                    Juan Michelto

Mi muger y yo saludamos finamente á la
Señora, visitas, y á V.
q/ D.

El primer regim.to lo forman las Compañias cuyos
despachos adjunto á V. y estan á sus ordenes. Los
Angeles forma una Escuadron suelto. El 2.o Regi-
miento las pueblos de S. Juan S. José, S.n
Fran.co y S.a Barbara. Y una Comp.a Suelta D.
Augusto Soussel

                    Michel

                    106

CvB 34:36

Convencido hasta la evidencia del patriotismo
y demas relevantes cualidades que adornan
la persona de V.S. como igualmente de que
sabra corresponder satisfactoria y cumplidamente, à la confianza del Supremo
gob.º nacional que lo honra, como merecen
sus servicios publicos, así como à la inmi-
nioda de este Gob.º y Comand.ª Gral. de
Departam.to he nombrado à V.S. coronel
del 1.er Regimiento de Auxiliares Defensores de la Patria y Departam.to de California à cuyo efecto à compaño à V.S. los
Despachos de los Gefes y Capitanes, p.ª que
consiguió lo prevenido en los Bandos &c.
la Materia tambien adjuntos, y del Regimiento de esta milicia q. esta imprimien-
dose & à la mayor brevedad dirigiré.

Al hacer à V.S. esta comunicacion, me evito encarecer la importancia
de sus servicios al bello pais en que di
la Luz, si por desgracia se realizase la
guerra é invadieran el Departam.to enemigos estrangeros.

Reciba V.S. las protestas rei-
teradas de mi afecto y sincera amistad.

Diaz

Sor. Coronel D. Juan Baut.ᵗ Alvarado.

108

CB 34:37

37

Ya que V. hace renuncia de la Escriba que tenía á su cargo por la indispensable
necesidad que tiene de desempeñar el empleo
que nuevamente se le confió en la Aduana
Marítima de este Puerto, he tenido á bien
admitírsela, sirviéndose V. desde luego á hacer entrega de todo lo perteneciente á dicho
establecimiento á D.n Florencio Serrano.
Habiéndose V. merecido las gracias de
este gobierno por su buen desempeño y
la de protestarle mi consideración.

Dios y Libertad Monterey
Julio 13 de 1844

Micheltorena

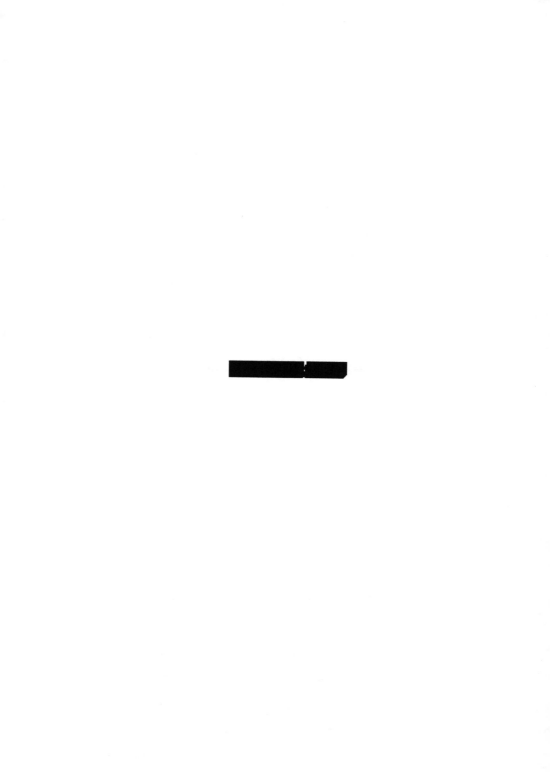

Por la nota q.e de V. ultima fha de a[y]er
he visto que no quiere admitirme la renun
cia que tengo hecha, a pesar de mis fuertes
esposiciones, por haberlo así dispuesto el
E. S. Gob.or. E insistiendo en mi escusa,
por serme imposible la ejecucion de la
comision, devo á V. decir; que en el bando
publicado el dia 12 del presente mes
año, de orden del E. S, en el articulo 1.o
es q.e las autoridades politicas al dia si
guiente de recibido d.ho bando, y a los cinco
tendran formado el padron para las milicia
de lo que resulta que tanto por no ser yo
una de ellas, como por los poderosos mo
vos espuestos no puedo (aunque con gran
sentim.to q.i) dar cumplim.to á lo que me im
pone V. = Y estoy entendido que si le ma
nifiesta V. al E. S. Gob.or las causas de
mi resistencia que provaré él con su
caracteristica prudencia y justicia me es
cluirá de un servicio que estaria

pronto á dar como no he dexado de hacerlo
cada ves ofrecida sin atender ni los trabajos y
perdidas de mis interes ni el termino que la
ley me concede para que no se me ocupe en otras
comisiones despues de haber salido del Juez si
no me hallara imposibilitado para ello. —
En la nota de Vd. que me refiero tam
bien me dice que pueda buscar uno que haga
otro padron y que yo lo autorice y dirija pero
creo le es mas facil á ese Juzgado hacer el nom
bramiento en otra de tantas personas que hay utí
les pues yo no estoy autorizado sino que
servi de mi obligacion formarlo y 1.ª darle
el curso y legalidad que deve tener por ser el
Juez 1.º de este pueblo á quien se encomienda
Protesta á V. mis consideracion y respeta —
Dios &ª Monterrey Julio 13 de 1844

Y. al Alcalde 1.º de este Pueblo D. J. G.

III

Rancho del July 15th 1844

Mr John Foster
34

Dear Sir I have sent
One hundred and fifty two hids for Sauntiago
Mosenly if he is not thow you will
pleas Keep them and deliver them to him
on his orvel and Oblige yes

Lety J Williams

152 hids

112

At Sor
E. Jean Foster
or D Santigo Menley
in Pisco.

113

ζ-B 3H : 41

En contestación á
la nota de v. 8bre. 18
del ppdo. digo a vd. que
es en mi poder el uso de
q. me habla vd. en otra
nota: esta ocacion me pro
porciona la de ofrecer á
v. mi consideracion y aprec

114                    Diaz

Florencio Serrano

Jose Alcalde 2°/1 de Sonora

115

| C-B 34:42

útiles para tomar las armas; [...]
el artículo 1° del B. en de esp[...]
S. General del Departam[...]
del presente y recibido en e[...]
día 14 del mismo

| Nombres | Edad | Patria | |
|---|---|---|---|
| Jose de la Cruz Sanchez | 48 | Mejicano | [...] |
| Francisco Sanchez | 40 | " id " | |
| Jose Y. Sanchez | 29 | id | |
| Ysidro J Sanchez | 29 | id | id |
| Manuel Sanchez | 38 | id | id |
| Felipe Soto | 37 | id | id |
| Jose Feliz | 16 | id | id |
| Domingo Feliz | 26 | id | id |
| Antonio Feliz | 21 | id | id |
| Luis Feliz | 17 | id | id |
| Ramon de Haro | 18 | id | id |
| Franco de Haro | 18 | id | id |
| Candelario Valencia | 46 | id | id |
| Felipe Gomez | 57 | id | artillero u |
| Leandro Galindo | 57 | id | Robust |
| Jesus Noe | 40 | id | id |
| Jose Cecilio Bernal | 52 | id | enferm |
| Bonancia Mejia | 55 | id | Robust |
| Guillermo Pacheco | 40 | id | id |
| Herbasio Soto | 54 | id | id |
| Ramon Soto | 20 | id | id |
| Ygno Miramontes | 30 | id | id |
| Migl Miramontes | 26 | id | id |
| Rodulfo Miramontes | 25 | id | id |
| Santos Miramontes | 16 | | |
| J Ascension Miramonte | 20 | | |

| Nombres | Edad | Patria | Observaciones |
|---|---|---|---|
| Becenes | 16 | Mejicano | Robusto |
| Miramontes | 33 | id | id |
| Guerrero | 33 | id | id |
| Castro | 25 | id | id |
| Padilla | 28 | id | id |
| Vasquez | 48 | id | encargado de la Mis.ⁿ de Dolores |
| ...nacio Miranda | 55 | id | Robusto |
| ...Rodriguez | 20 | id | id |
| ...º Barlin | 25 | id | id |
| ...e Benavides | 16 | id | id |
| ...us Valencia | 25 | id | id |
| Juan Ceppinger | 35 | Yngles | naturalizado |
| Carlos Baron | 33 | Americano | id |
| Roberto Ridley | 25 | Yngles | id |
| Juan Fuller | 50 | id | id |
| Juan Cooper | 56 | id | artillero retirado |
| Gregorio Escalante | 40 | Manilla | naturalizado |
| Augustin Andrews | 36 | Americano | id |
| Juan C Davis | 35 | Yngles | id |
| Juan Resd | 36 | id | id |
| Guil.mo Reynolds | 25 | id | id |
| Pedro Rhennelyck | 30 | Dinamarque | id |
| Reymundo Miramontes | 20 | Mejicano | Robusto |
| Fran.co Ramirez | 40 | Chileno | naturalizado |
| Guillermo Seidedorff | 30 | Americano | id |
| Guillermo Lunsden | 40 | Yngles | id |
| Antonio Buyani | 25 | Mejicano | Robusto |

53. del pais y naturalizados

Adelante

| Name | Age | Nationality | Occupation |
|---|---|---|---|
| Natan Spear | 40 | Americano | |
| Guillermo Davis | 20 | Sandwich | |
| Hilario Scotterati | 25 | Americano | |
| Henrí Mc Veove | 24 | id | |
| Pedro Storris | 40 | Aleman | |
| Juan Saunders | 30 | Americano | |
| Estevan Nordin | 25 | id | |
| Guillmo Swinburne | 35 | Yngles | |
| Alberto Brown | 28 | Americano | |
| Juan Linch | 30 | Yngles | |
| Thomas Lewis | " | id | |
| Truman Freeman | 25 | Americano | |
| Henrique Knight | 40 | Suisso | |
| Guillmo Haus | 25 | Americano | |
| Santiago Pease | 45 | Escoces | id |
| Marceline Betis | 20 | Panano | cocinero |
| Jordamon Bennett | 40 | Americano | Carpentero |
| Winston Bennett | 25 | id | |
| Jackson Bennett | 17 | id | |
| Dennis Bennett | 19 | id | |
| Juan Finck | 40 | Yngles | herrero |

22. Estrangeros

## Resumen

Hombres utiles del Pais — 39

     id     Naturalizados 14

     id     Estrangeros 22

         en todo 75

San Franco. Julio 21. de 1844

Guillermo H

118

1844 - July 30.    no date

43

Yo el abajo firmado, Consul de los Estados Unidos
Americanos doy amplio poder y facultad á D. Juan
Gilroy para colectar todas las propiedades del finado
Alvino Wilson, ciudadano de dichos Estados unidos
Americanos y venderlas en un termino conveniente
y de modo que sea mas ventajoso para las personas
a quienes pueden ser interesados, como tambien cobrar todas las deudas que estaran pendientes ó debidas al mencionado finado, y de todo lo que hiciera
me dara cuenta cada tres meses contando desde
esta fecha      Monterey Alta California Julio 15 de 1844

This letter was delivered on a report from Mr John Gilroy
of the death of Alvin Wilton, who was supposed to be
killed by the Indians, within two days ride of said
Gilroy + farm.

Wilton was supposed to be from Windham County Conn

119

Copy of power given to
John Gidny to Collect
Alvin Wilmes effects —
July 1814

CB 34:44

Mexico Julio 31. de 1844.  44

Sr. D. Juan B. Cooper.

Muy Señor mío y de mi aprecio.

Tengo a la vista su favorecida de V. sin fecha... p. ella quedo impuesto de su feliz llegada a ese Puerto con la Goleta, así como de las noticias q. me da con relación á Monterrey.

No se el tiempo q. se dilate V. en ese Puerto por q. ni el mismo Gobno. lo sabe en razon de q. hasta hoy me he cansado en vano de pedirle auxilios y no dispone nada, esto está de los diablos, no nos hacen caso a Costaneros y a mí y seguramte. vueltos como bien ~~~~~~~~~~~~~~~~ El Presidente dice q. me aguarde hasta q. haya dineros, y q. entonces mandara algo a California ¡ Concidere V. !

Hoy mismo participo al Gobno. la llegada de la Goleta y lo estropiada q. esta pr. q. de dineros con q. componerla; asi mismo le digo q. no tiene viveres mas q. para dos meses. Mantiene V. á buelta de correo el presupuesto circunstanciado de lo q. importe la compostura de la Goleta pa. presentarlo al Gobno. pues yo le he dicho que importaria 300. ps. esto es, la averia q. halla sufrido pr.

120

en ... procure V. aunq. sea ponerlos de modo q. alcance
la cuenta á 300. pesos y si importa mas mejor porq. así tendremos algo mas pª los gastos del buque. También mandeme
el presupuesto de lo q. gasta el buque al mes por sueldos
y víveres pª presentarlo al Gob.no y ver si puedo conseguir
q. den algo. Si le preguntan á V. cualesquiera autoridad
que... de q. no tiene + el buque sueldos y víveres á lo mas pª dos
meses.

Sin embargo, aquí para entre nosotros, he calculado q. con los
mil cuatrocientos cuarenta pesos q. recibió V. en Mazatlan pª mí
y pª la Aduana el buque tiene víveres hasta Noviembre ó Diciembre así es q. pª este objeto no debe V. necesitar dinero; no obstante, ya le dijo á V. q. al Gob.no es menester decirle q. el buque
no tiene un centavo, ni q. come... para sacar todo el partido
posible, pero á mí no... porque... yo... los...
q. tiene el buque, pues V. mismo me dice en su carta q.
tiene los mismos víveres q. cuando salimos de Monterrey
es decir para cinco meses; con q. por ahora lo q. necesita
V. es dinero pª componer el buque y ya le dijo á V. for-
me la cuenta y me la mande en los terminos q. dije
arriba; diciendome á mí en lo particular el verdadero importe... Vª en el ultimo caso q. el Gobierno no

[illegible] Bergen [illegible]

[illegible] queta [illegible]

el [illegible] [illegible]

[illegible]

[illegible] riesgo. [illegible]

quepere [illegible] mellio [illegible]

[illegible]

[illegible] la [illegible]

[illegible]

[illegible] la [illegible] el [illegible]

[illegible] Diciembre [illegible]

[illegible] el gobierno [illegible] el [illegible]

[illegible] contacto [illegible] para [illegible] el [illegible]

[illegible] recuerd[illegible]

[illegible] carta [illegible]

[illegible]

lo mantaré á V. p.ª q.ª el buque se componga pronto.

Mandemer los presuspuestos q.ª le pide con un oficio que diga, q.ª el buque no tiene víveres ni sueldos mas q.ª p.ª un mes o dos segun V. beas; diga V. tambien q.ª está muy estropeado y q.ª no puedes salir á la mar sin componerse para q.ª con este oficio q.ª V. me mande presentarme al Gobierno pidiendole mas recursos p.ª el buque.

Digame V. cuanto importa el parage de un pasagero de Acapulco á Monterrey por q.ª puede ser q.ª baya alguno con nosotros.

No dese V. de escribirme sobre todo lo q.ª le suceda yo no ceso de trabajar un instante y á mas tardar boy á esperar hasta octubre si antes no me despacha el Gob.ⁿᵒ es decir en el mes q.ª entra, pues segun lo q.ª V. me dices no se debe salir en Sept.ᵉ.

El S.ᵒʳ Gral. no me da orden ningunas p.ª q.ª le se á V. 400. pesos, y solo me dice q.ª si el buque se está aquí dos meses puedes V. menester 300. pesos. Yo no tengo dinero, así es q.ª lo q.ª hago es pedirlo al Gobierno con instancia y espero conseguirlos.

448

Consérvese V. bueno!

122

y mandes á tu afmo. amo. y servr. q. b. s. m.

446

José Mª. Flores

Lⁱᵉ José maria Flores

Jose M Flores
July 30th 1846

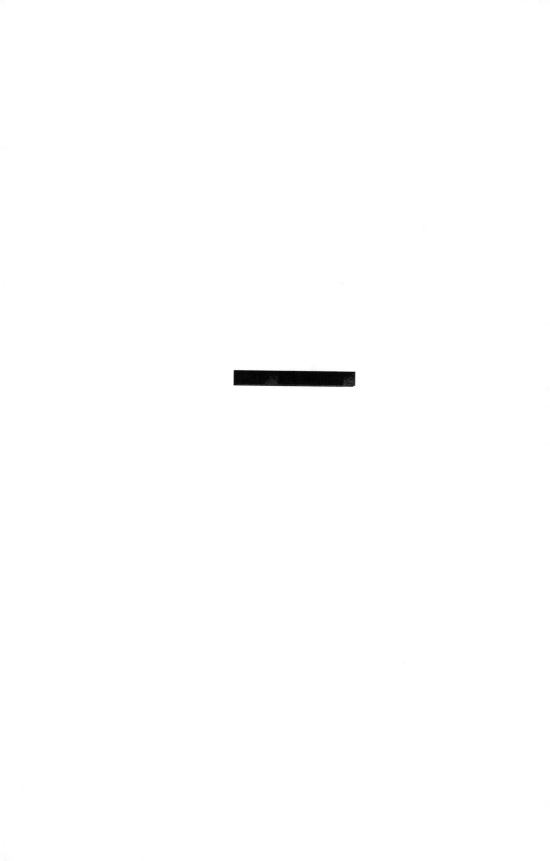

Sr. D. Juan B. Cooper

México Agosto 3/844

Mi apreciable amigo!

Recibí la favorecida de V. fecha 25 el p.º Julio
y en vista concervación le dice q.ª yo y el Sr. Capitan Flores trabajamos asiduamente p.ª expedir
la salida del buque lo mas pronto posible.

Ya el S. Flores habrá escrito a V. sobre
todo lo q.ª debe hacerse.

Mucho me alegro haya V. venido sin
novedad? y le desea permanezca lo mismo su
fino amigo q.ª b. s. m.

J.B. Cuadra

124

Dn. Manuel Castañena
Augt 3 - 1844

Al luego q.e V. reciba
este, y ponga la faja
en la puerta al Juz-
gado, se presentará V.
en este q.e reciba el
Bando, y obre con arre-
glo al tit.º 5.º art.º 2.º de
d.ho Bando publicado
el dia 3. al presente
q.e hayarme yo Enfermo
y no poder concuria,
q.e V.ª igualmente se pase
V. con el Vecindario á
la Casa del S.or Coronel =

D. Mariano Guad.e
Vallejo, segun el
Oficio de dho Sor.

Dios y Libertad Sonoma Ag.to
18 de 1844.

acordo Leese

(Ser Alcalde 2.o )

Agosto 12 de 1844

Sor Dor Buis

Sin entendiendo q̃ vmd
esta detenido en la Mision, que espera esta anci-
ada a saber la verdadera causa, como sabe vmd q̃
hay muchos envidades volando en este pais
muchos de qual todos nosotros sabe q̃ son falsos.
Ella también quiere q̃ yo diez de q̃ Carolina ha
tenido la desgracia a quemarse por mal, todavia
de nada muy serio, estuvo en la cama quando su
camisa se aprendió por la vela; yo no sabia
remedio alguno, pero mande Paddy a la casa
de Jount, la señora Fine recomendo papas raspa-
dos fino y así puesto, de qual nos hizo, pero parece
q̃ le tanto dolor q̃ nos quitado. Si no puede vmd a
venga a su casa inmediatamente; haga el favor a
decir nos y hacemos, tanto en este, como en todo
los demas cosas, y pierda vmd cuidado q̃ yo no
hare todo q̃ se puede por haber sus deseos cum-
plidos; por alguna noticia q̃ Dios vmd a mandar
puede vmd a mandar los por Paddy el portador de esta.

Queda su verdadero y afectisimo
amigo y humilde servidor.

R. S. Kitchburn

Trasladado por James McHenry

127

Quedo enterado del oficio en
en q.e me transcribe el del Exmo. S.or
Comand.te Gral. del Departamento
sobre la organizacion del 2º Regim.to
a quien tengo el onor de permanecer
igualmente con el mayor placer veo el
nombramiento q.e S.E. hace en la persona de U.S. en Coronel del expresado
Batallon por tener la satisfaccion de
ser yo uno de sus Subalternos quien
procurara el cavo llevar el objeto de
cumplir con la mayor exactitud sus
ordenes y providencias del Sor. Reitero con esto las presentes de mi
particular consideracion y respeto

Dios y Libertad S.n Felipe
Guadalajara agosto 14 de 1844.

S.or Coronel del 2º
Regim.to en defensa
en de la Patria d
el S.r.o. G. Vallejo

E.xmo. S.r M. Castro

125

... s en mi poder la communi...
V.S. fha 16 en Julio p...
me acompaña el despach...
tan en milicias en cavall...
defensores en la patria q...
General del Departam.to ha...
aber conferirme y V.S. me h...
cho el onor en dicirme, la q...
ne contexé á su devido tiempo p...
haver estado en Monterrey donde
permanecí algunos dias y a la vuel
ta al punto de mi recidencia encontre
la nota de V.S. con vastante atraso e...
S.n Juan Bautista y haviendo quedad
enterado en todo lo q.e V.S. me pre...
ne devo decirle: Que aunque me
considero uno en los mas inutiles nun
ca vere con serenidad las angustias
y clamores de mi patria, sin sal...
en su defensa en cuanto este de ...

**129**

mi parte aunque sea acosta de
Sacrificar mi esistencia si posible
fuera.

En cuanto a la confianza q.e asi
el Supremo Govierno como el departamental se han dignado depo-
sitar en mi persona haré todo lo
posible p.a dar todo el lleno en el
cumplimiento y desempeño en la
clau q.e obtengo pues asi me lo ee-
xige el onor y adhecion natural
de mi Cara Patria.

Con tal motivo protesto a V.
las seguridades de mi consideracion
y aprecio.

Recibí el oficio
16 del pdo. Julio, y el superior Despacho de Capitán
tán Auxiliares Defensores del
y Departamento de California, del
4º Escuadron del 2º Regimto.
E.S. Comandte. Grãl. y Gobor.
del mismo Departamto. ha tenido á
bien expedir á mi favor, y á cumplien-
do con todo lo prebenido en la parte final de dho. Supor. Despacho
que he presentado á donde corresponde, á que en toma Razón quedan
do al mismo tiempo una Copia pun-
tualizada, en el Juzgado 1º de S. Franco.

El Gobierno Supremo y el
Departamental deben tener confia

131

confianza, y seguridad, de
[...] perderse medio alguno
[...] respecta con la mayor
[...] el empleo de Capitan
[...] nes con q.e se han ser
[...] onerarme sin merecerlo,
[...] estare listo p.a marchar con
[...]los enemigos, y q.e tratasen de
[...]badir mi pais, tan luego como
[...]a llamado por la Autoridad
Superior Departamental.

Dios y Libertad S. Fran.co
Agosto 18. de 1844.

Fran.co Sanchez

S.r Coronel de Auxiliares
D. Mariano G. Vallejo.

132

Capitania de
auxiliares defen-
sores del Depar-
tam.to de California

Es en mi poder
de V.S. fha. 6 del presente
el adjunto Padron de esta
cion que se sirvio manfarme
que conforme à el articulo 2.o y
5.o del Reglam.to de Milicias que à
bien me dirigio V.S. se haga la
Eleccion de los Sres Oficiales y demás clases à que se contrae la parte final 6.o del art.o 2.o titulo 4.o del
citado Reglam.to y acuerdo con todo
lo prevenido en la Superior orden
de V.S., se procedio a la Eleccion
de d.hos Oficiales y demas clases
Como esta prevenido, de cuyo acto

133

...mpaño á V.S. la acta

...d.te y al mismo tiem-

...lista de todos los

...s que componen la

...amia de auciliares defensores

...Patria y Departam.to de

...alifornia acompañando á V.S.

...l mismo tiempo el Padron ori-

ginal como me lo previene en

su Citada Orden Superior.

Y lo participo á V.S. p.a

Su Superior conocim.to

Dios y Libertad San

Fran.co Agosto 18 de 1841.

Juan ...

134

Sr Coronel de Auciliares D.r Mariano G. Vallejo

CB 34÷51

Monterey August 18 1844

51

Charles Brown &Co

Gentlemen. your two, under
date of last February. — in my last to you I made out a current
account according to your own statements by former letters. bringing
you in debt. I now made out and enclose to another the
same as I have before sent to you. with the addition of 48
(Forty Eight) hides paid this year to Mr D. Spence. by which you
will perceive I owe you in the acct. on your own me one cent

By comparing your letters of this year to me
with those of near the same date to Mr Spence. we can come
to no Conclusion. As every item in the enclosed account
is proved by written vouchers of Mr Price & in my hands. copies
of which, I forwarded to you in the year 1842. once again in
43. with witnesses names to prove the that the handwriting was
Mr P. and were in my possession. I presume the acct will
not fail of being satisfactory to you.

I beg leave to congratulate you
so many of my countrymen — in being connected together
in your firm — and do hope you will command my
services in California if you are require them —

I am Yours
&c

514

ve not put
pray it
I should
he new all
why should
Capt P.
lace you


late you
together
with my
thing

5²

Monterey Aug 18. 1844.

Mr J. J. Ourivis

Your letter and a few papers I now
for home.    I can not be of any service to you in obtaining
subscribers to your valuable paper. perhaps apart from
Mr J.C.I. and myself there is not above one in 6.
that subscribe to a paper. I have asked many but have
not obtained a name.  I was to tired of asking for
the first years subscription all of which I did not obtain
that I never ask for the pay of the second year

You will please send one copy
to me. by every opportunity. and insert the enclosed
advertisement 2 or 3 times a month for one year and
send me a Bill.  I will remit the supposed amt
by Capt Paty     should the advertisement be badly
wrote please correct it.

I am your with
Wtppr...

137

To Charles Brewer & Co.
& J. J. Jarves —
Aug 1841

Sent by Stewart to Mazatlan

Comp.a Auxiliar
de S. José Guad.e

5.a

Con f.ha 19 del corriente
E.S. comand.te Gral. y Gob.

" Acompaño á V. tres de
Tenientes y dos Alferez que
electos por la comp.a de su ca
que hace á V. que por su cond.
conducidos al S. coronel del.
á que pertenescan p.a que
el cumplase haciendo V. los n
mientos de Com.g.a y cabos elij
os y Libertad Monterrey Agosto
1844 = Manuel Miqu
cap.n de la comp.a de auxiliar
José D. Ant.o M.a Pico.

Y lo transcribo á Vs. acompa
los Despachos p.a d. cumplir con
Orden.

138

Sor. Coronel de Ausiliares D. Guad.e Vallejo

139

2ª Región

54

E. S.

Tengo el honor de elevar á la
superiora mano de V.E. la
celebrada en el pueblo de
conforme al art. 2.º del cap. 5.º
del Reglam.ᵗᵒ de Milicias Auxiliares por la cual verá V.E. los
nombres de los oficiales electos por
aquella y con objeto de q.
se eleve manda á me remitan los despachos correspondientes para los efectos
consiguientes.

Al comunicarlo á V.E. tengo el
honor de manifestarle mi mayor
consideración y respeto. = D.ᵒ g.ᵈᵉ Sonoma Agᵗᵒ 26. de 1844. = M 50
E. S. Gob.ʳ del dtto Calif.ᵃ D. M.
Micheltorena.

140

Necesitando ocupar á V.S. como Corl. del 1er
Regto. de auxiliares defensores de la patria,
para qe. desempeñe en este ramo, una especie
de Detall general, ya qe. estan formados los
cuerpos y compañias, cuyas listas y demas documentos remitirá á V.S. oportunamente este Gob.o
y Coman.a gral., lo he mandado dar a V.S.
de alta en la Provincia Depart.l abonandole
el Sueldo de su clase desde el dia 1o del
pdo. Setiembre, qe. es justo disfrute en remu-
neracion de los trabajos de pluma qe. aunque
en el Seno d. su casa, van á gravitar sobre
V.S. y son necesarios para mantener siempre
organizadas en buen órden y prontas á
tomar las armas en caso de guerra extrangera
las fuerzas defensoras de la patria y Depart.
de nuestra querida California, de qe. V.S.
es digno Coronel.
    Con tal motivo tengo el honor de

141

reproduciente mi particular afecto y muy
distinguidas consideraciones.

Dios y libertad.
Monterey Agosto 24 de 1844

Juan Micheltorena

55A

Sôr Corl del primer Regto D. Juan Bta Alvarado

142

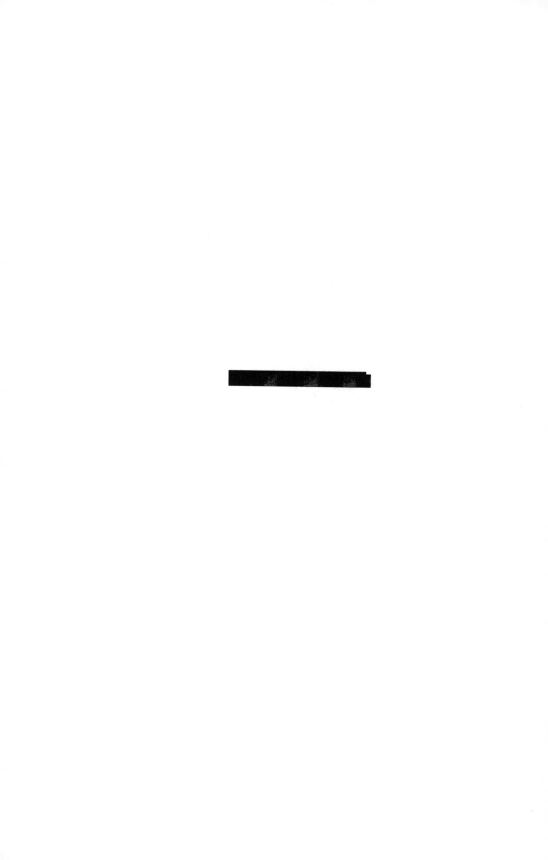

Con el exemplar correspon. devuelvo á V.
los despachos expedidos por S.E. el
Vice P. y Gob. del Departam.to á favor
de los tres Oficiales de la comp.a Auxiliar
de ese pueblo, con objeto de que
se entreguen á los interesados S., despues
de haberse ~~tomado~~ ~~su razon~~
tomado razon en el juzgado de la
seg.ta previene en parte final C.

Al entregar los despachos á los
interesados lo hará V. previene S. sus
obligaciones y los q. mediante han
~~contraido~~ con la patria, asegurandoles
que ~~se~~ aun anticipadam.te
V. ma. exijir de ellos á la cabeza de
tan ~~brillantes~~ of.s y me ~~prometo~~ he
~~los~~ ~~que~~ corresponderan á la confianza del Gob.o con la honradez

143

...pia de un Of.l de honor d.l que la
...cacion ayudante en el estudio
...l arte de la guerra, produciendo...
...r efectos q.l la patria desea, y abri
...endoles el a ver la carrera de
la gloria...
...y la satisfaccion de cooperar
...te a...
y progresos del pais... en q.l
... la prim.a Aut...

56h  Tan luego como se hallan dado á los interesados los Nombra-
mientos de Sargentos y Cabos,
formará V. el correspond.te pie
de lista que me remitirá,
cuidando de que en la pñia Asamblea de la Comp.a de la mano se
den á reconocer, en la forma acos-
tumbrada, á los nuev. Of.s
Sarg. y Cabos, de su cargo ===== D.s g.e &c.

Venimos desde 1.o de Mayo = M.G.O. = Pa. Cap.s y tres rail.
Por.no

0.B 34 ; 57 .

Sor. D. Juan B. Coopen. 5?

Mexco Septe 4. De 1844.

Estimado amigo:

Tengo á la vista las dos apreciables de V. y no habia contestado á ellas por q. queria hacerlo con la noticia de mandarle algun dinero; pero esto no puede ser en primer lugar, porq. el Ministro de Hacienda dice q. no tiene dinero, sin embargo q. tiene la orden del Prest. pa. q. se
pague el importe de los Pret-supuestos q. V. me
mandó, y en segundo por q. 300 pesos q. yo en lo particular pensaba mandar á V. he andado todo Mexco
buscando libranza y no he podido encontrar un co-
merciante q. tenga fondos en ese Puerto: busqué en
la casa q. V. me dice en su carta y me dijeron
q. ya no podian librar contra Acapulco; con q.
espero me diga V. á buelta de Correo q. comer-
ciante le puede franquear alli dinero y donde
lo he de pagar yo aquí pr. de este modo

145

remediar sus necesidades. Quedo impuesto de que el
buque se estaba componiendo y aguardo me avise
si está listo p.ª salir a la mar.

Reserve V. todo lo que le digo y no avise á
D.n Tomás Moreno. Es menester que insista V. en
que no tiene víveres ni sueldos p.ª el buque así co—
mo q.e necesita dineros p.ª componerlos, esto si diga V.
diariamente á D.n Tomás p.ª q.e el lo repita al
Gobierno y haber si de este modo conseguimos dineros
del Ministro de Hacienda, por q.e si no yo no tengo di—
neros mios D.q.e disponga sino á lo mas de 300 p.ª co—
mo digo á V. arriba.

Busque V. quien le franquee esta cantidad q.e
yo la daré aquí en el acto y si tubiesen desconfi—
anza diga q.e yo la daré aquí primero, y con el aviso,
se la entreguen á V. despues.

Hoy mismo me han dado las ordenes p.ª recibir
vestuarios, armamento, municiones y todo lo q.e
he pedido p.ª Californias p.r lo cual espero q.e
antes de un mes estará todo en ese Puerto y
216

que el
ne avisa



avisa ás
ista V. en
ed así co—
: diga V.
repita al
as dineros
no tengo si—
e 300. p. co—



cantidad q.
y desconfi—
con el aviso,



p. recibir
do lo q.
espero q.
Puesto y

---

listoy p.ª regresar al seno de nuestras fami—
lias.

En Mazatlan si le puedo dar á V. dinero pe—
ro aquí estoy perdido.

Aunque el buque esté ya compuesto no lo diga
V. á D.n Tomás porq. entonces ya no conseguiremos el
importe del pres=supuesto q. V. me mandó. Al con—
trario, dígale V. q. necesita dinero p.ª recomponer—
lo, q. es peligroso salir con él a la mar en el
estado en q. está; q. al fin el no sabe como es—
tá el buque ni q. compostura necesite.

D.n Tomás escribió al Gob.no sobre q. no tie—
ne viveres la Goleta y sobre el biaje a Guaimas:
y el Gob.no le contesta lo q. aquí q. ya se han dado
las ordenes p.ª q. se cubran los Pres=Supuestos; del
biaje no hay lugar.

No admita V. ningun pasajero, pero si se pre—
sentare alguno q. quiera ir á Californias p.ida
V. 180. p.s de pasaje; eso he pedido yo aquí.

1447

Tengo las ordenes p.ª q.ª le entreguen á V. en ese Puesto
30. quintales de polvora de fusil y de Cañon y 60. q.s
de plomo. Informeme V. con el Comand.ᵉ de artill.ª si
hay la polvora q.ª necesitamos y q.ª calidad tiene, asi como el plomo.

    Conservese V. bueno y mande a su afmo. am.º y
serv.ʳ q.ᵉ b. s. m.

        José M.ª Flores


Agradesco á V. mucho halla mandado á Chilpancin-
g.º el cañoncito de la Sra. del Gral. digame si
fue seguro y si hay noticia de haberse recibido.

   1

C-0 34:58

1844 Sep. 7.

Sr. Dr. Mariano G. Vallejo

Yerba Buena 76.. de 1844

Muy sr.º mio y de mi par-
ticular cariño recibí la aprecia
ble q.º me escribió con Mellus la que
no había contestado por q.º tenía la int-
ncion de mandarle á V. las encomi
ndas q.º me pedía en su carta juntame-
te con la contestacion y como hasta a
nrrabia dificultado proxa causa a
nrrabia contestado á V. lo culto pero lo
ago ahora y le mando á V. con Carrillo treinta varas de espuma porq.º dira
clave noloy pude conseguir Mapas tampo
co las hay en ninguna parte y de ninguna
su clase; = V. ei barca es de 29 á
30 y por pero yo solo pagua 28 á 6.18.

147

que importa dos $ 4 $ rs en plata yo siento
mucho que resalga á v. lo mismo que usa
que yo compre para mi igual tienden
redos muy feo pero en los tampones
ande muy bien y sin ningun redos
Agradesco á v. mucho la súplica que
que v. me en el pago de la libranza que yo
de á Melles Contra v. y le suplico medis
puese esa molestia que le Cauce pues ble
sabe v. que Cuando uno debe lo mismo que
esa obliga. Ser. yo estoy en amias para
hir pasada y toca al momento que que
da pues no me nolidiy ahora nada de
algunos asuntitos que deseo ablarle y lo

Contimero la existe de q en el Comercio
se paden y Alen cin provecho: no lodi-
ge mas por ocasarle la presencia. No
obstante el disponga de su affmo. q.
le aprecia y B.S.M.

Juan N. Padilla

P.D. Por - Amando Con Mr. y Jonson e
Barril de Aceite a Guatemala y oyer no
ubo a la oportunidad mas pronta
directamente a Sonora; no abra e
el Barril por las tapas abaxo ariba
del 2.º Sineho para q. salga el aceite
mas limpio

Baic

y ya sentia
mo q. otra
e tiem con
lamprosas
con hilos
eficaces q.
bibeanse q. yo
olro medio
en plaxas lla-
misma q.
n armas p.º
mento q. que
su nada de
blasta y lo
edo ayudan
les muche-
usas del

157

Al Sor. Corol. y gefe
de la frontera del Norte.

Dn. Mariano G.

Vallejo  Sonoma

152

Petaluma 28 de Set.re de 1844

S.or porqui no tiene V. novedad ninguna para el Rodeo
y conte el ganado como V.
me dise y no salieron mas de
dos mil sesenta y tres pero
todo el ganado seles arrendo
al Baquero Dorg. y no se
pudo mas. S.or para poder
tirar bien el ganado es
menester q.e ballan bastantes
D.n luis no aparto mas de
seis o siete mil mando las
p.a el molino y trajeron del
Rancho de Martin 66 moscos
D.s G.e a S. V. m.s a.s de su mu-
nos servidor Q. B. S. M.
Miguel Alvarado 15[?]

Catarina 2? de set.e de 1844

Por ningu[n] motivo [...] está ningun[a] [...] el R. P.
a [...] el [...] como los
[...] o no saldrán [...]
dos mil sesenta y tres para
[...] el ganado solo [...]
a los [...] por no poder
[...] bien [...] ganado es
menester q[ue] [...] estando
D.n Luis no apartó más de
seis o siete [...] mando [...]
[...] el molino [...] [...] del
Rancho de [...] el [...]
D.n [...] que Dios [...]
nos [...] q.e B. S. M.

[firma]

13. 10

B. 16
864
5184
6 4

1340
20
0000
268.0
2 68.00
33. 4
60. 4

50000
49999
99999

651

601 – 7
90.
39
676 – 7
531. ⁴
45 – 7

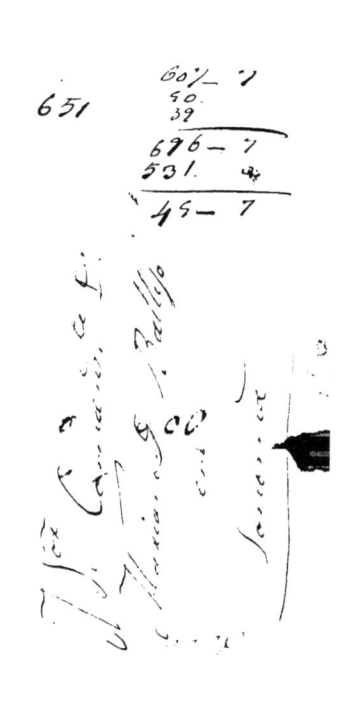

PB 34 ; 61

My dear Hartnell

    I have very great pleasure in, at last, acknowledging receipt of your esteemed letters of the 5th June and 28 August, both received on the 19th inst.

    It is my misfortune not to have received your long letter of the 20th April, sent through Deabisough & Co, but doubtless it will be forwarded to me here. We have had no arrival, from the Coast, since the 4th of June, but we expect the H.S. sloop Warren back, about the 15th of this month, with the London Mails of 1st April, 1st May, 1st June & 1st July.

    I much regret that any misrepresentation should have prevented your from obtaining the appointment of H. Ms Vice Consul for California, for which I considered you were so well qualified. Of Mr Forbes, I know nothing, but I presume he is also a capable man.

    Your present situation of Vista to the Customhouse, may be more profitable, if not more honourable to you, than the Vice Consulship, for which I do not suppose that more than £200, or at most £300 a year, will be allowed.

    I sent you a letter and some Newspapers by the Sardinian Brig of war Brisbane, which sailed from this Port, on the 10th inst, for San Francisco. I now add the Friend of the 1st May, which you ask for, and that + of this month & also the Polynesian of the 21st inst.

    William Hartnell Esquire
      Vista de la Aduana
        Monterey

+ the Friend of this month will not appear till 4 days hence

General Mitchell's same Decree, which was very incorrectly printed.

There is no Catholic School here as yet, but one might be formed if a sufficient number of Scholars from California should offer to hold out an inducement. Meanwhile I do not see why you should not avail yourself of Mr Johnstons School here, where young Martha Eliza Larkin is. The Teacher is a Protestant, but I do not suppose he would interfere with the faith of the children if Catholics.

I regret that you do not say any thing about the terms on which grants of land can be obtained in California. By & bye, I think, the N. Americans will overrun your whole Department.

By a letter from Peru, of 20th July, I learn that our old friend Begg has gone to Copiapo to manage a silver mine, on a salary of £500 a year, and expences paid.

The General & Miss Miller have not yet returned from Tahiti. I expect them back, in about a month, in perhaps, the Salamander Steamer.

I should be happy to hear from you, by all opportunities, & I remain even

My dear Hartnell
Yours truly
Robert C. Wyllie

William Hartnell Esquire
Vista de la Aduana
de
Monterey

6-13   34 : 62

C. Brewer & Co.

Honolulu October 7. 1844

Mr S. O. Larkin
    Dear Sir

            Yours of August 18./44 has
been received and we regret that we have
not been able to come to any settlement in
our accounts —

Mr Peirce writes under date of October 27/43
that it was understood between you & him, that
the 575 hides taken by him, in the Maryland,
were to be sent to Oahu, freight paid, in
payment for money he was to pay and did
pay for you in Mazatlan — But he chose
to take the 575 hides on the coast and
credits you with them at $2.00 and then
charges you the freight 25¢ea. the same
as though they had gone to Oahu in any
other vessel — You will not certainly dispute
his right to charge freight equally with any
other vessel —

Mr Peirce also writes that on payments made
on your note previous to March 42 you were
to be allowed a discount of 10 ⅌ — And nothing
on payments after that time — But you will

160

observe you are allowed discount on the whole note, although the 500 hides per Fama were not received until December 1842.

If the 575 hides taken by Mr Peirce are considered as a payment on account of the note, then Mr Peirce laid out of £868. paid for your account in Mazatlan, from March until December when the hides came per Fama.

We must adhere to the accounts as rec'd from Mr Peirce in his settlement with you, a Copy of which must be in your possession.

In regard to the charges of Protest & Int on John Paty's note for £500. we think you cannot but allow them to be just and as endorser of the note we look to you for the payment. We received the note, with your endorsement, as good paper and supposed it would be paid at Maturity. It would be very hard for us to receive such paper, as cash, and have it paid at the convenience of the drawer, without having any claim for damages.

We refer you to our letter of Feby 23. 1844. and hope you will be satisfied that it is right and settle it accordingly —

161

C. Brewer & Co.

P.S. Please forward the enclosed letter by
the "Savannah" if she has not left
the Coast or by the first conveyance —

Yrs CB & Co.

Mr Thomas O. Larkin
U.S. Consul
Monterey

p. Sim

163

C- B 34 : 63

Honolulu 8th October 1844

My dear Hartnel                  63

          Under the charge of Capt. Bonal,
I send the following, viz:
1st A round [parcel] addressed to Capt Campbell,
   Marine officer of H. M. S Carysfort
2d A Packet for Lord George Paulet
3d a Packet for Mr Benson of Topic
     If still in time for the _Savannah_, please arrange
for these and send them on by her, under charge
of Capt Armstrong. But if the Savannah should
have sailed, or if another good opportunity should
offer, before she does sail, be kind enough to
send them on to Mazatlan or San Blas. If to
the former, recommend them to the care of Major
W[m] Scarborough &c, and if to the latter, to that
of Mr Benson.
     I add for yourself the Friend of this month,
which was not sent in time for my last.
     We have nothing new here, and I remain as
          My dear Hartnel
               Yours truly
               Robert C. Wyllie

P.S. 9th October. The Friend will not be sent
till tomorrow

Wm Hartnel Esquire
   Monterey
   California

Por favor del Sõr Capitan Bonar
de la Fragata Francesa Leon

Sõr Don Guillermo Hartnell
vista de la Aduana
de
Monterey

Cop

E. S. Gobernador. = Los q.<sup>e</sup> suscribimos
impelidos p.<sup>r</sup> las circunstancias, á la véz, q.<sup>e</sup> animados
p.<sup>r</sup> el zelo patriótico q.<sup>e</sup> en todas ocasiones ha manifestado V.E. en fabor de este pais y sus habitantes,
no dudamos en someter á su recta Calificacion unas
proporciones q.<sup>e</sup> podrán suministrar á V.E. una oportunidad q.<sup>e</sup> sin cesar desea, y cada vez aprovecha
de dar nuevas pruebas de su solicitud paternal.
= La clase de los labradores q.<sup>e</sup> en todas partes
es la mas necesaria, p.<sup>r</sup> una incomprehensible
é inexplicable fatalidad, es tambien en todas
partes la menos considerada, y mas gravada.
En los Gob.<sup>nos</sup> monárquicos, ellos unicam.<sup>te</sup> gimen
bajo el yugo opresor del feudalismo; en los
paises católicos, á ellos esclusivam.<sup>te</sup> tal; arranca el
tributo injusto llamado diezmo; y aunq.<sup>e</sup> el valor
de nuestras armas, y la sabiduria de nuestras
leyes nos hayan libertado de esos dos males q.<sup>e</sup>
aun sufren naciones mas antiguas y mas cultas q.<sup>e</sup>
la nuestra, ¡cuantos gravámenes pesan todavia
sobre el pobre labrador mejicano, y particularm.<sup>te</sup>
en este Departam.<sup>to</sup>! Aqui como en todas partes,
de los labradores sale el contingente de hombres
p.<sup>a</sup> las tropas de mar y tierra; pero aqui mas
q.<sup>e</sup> en ninguna otra parte gravitan mas directa
y fuertem.<sup>te</sup> sobre los labradores los enormes derechos

166

aduanas; y es inconcuso q.<sup>e</sup> si el arancel de las aduanas marítimas ha tenido p.<sup>r</sup> objeto la prosperidad y engrandecim.<sup>to</sup> de los demas Departam.<sup>tos</sup> de la República, causa la ruina del de Califor.<sup>a</sup> pues la sabiduria del Congreso al prohibir cierta clase de efectos, y recargar los derechos de otros con otros exorbitantes trabajó á favor de la industria nac.<sup>l</sup> (donde existe) Por ejemplo, la elaboracion de los tejidos de algodon q.<sup>e</sup> hoy se fabrican en Mejico, con muy corta diferencia, tan buenos y tan baratos como en los E.U. el calzado, los sombreros, la ropa confeccionada, la talabarteria, los muebles, los instrumentos de hierro y otros metales, el papel, la loza, el cristal, y multitud de otros efectos nacionales q.<sup>e</sup> pueden competir con los de las fábricas estrangeras, todo es debido á las luces y patriotismo q.<sup>e</sup> los dignos representantes de la ilustre nacion mejicana patentizaron en el arancel de aduanas marítimas; pero, E.S. si al tiempo de formar esa obra magna, hubiese habido en el santuario de las leyes un Ranchero Californio dotado de la inteligencia necesaria p.<sup>a</sup> demostrar á la soberana corporacion q.<sup>e</sup> en California no se fabrica nada, y se necesita todo; q.<sup>e</sup> los efectos prohibidos y recargad.<sup>s</sup>

167

de otros en el arancel son puntualm.te los de primera necesidad aquí, como, por ejemplo: la manta q.e un labrador mejicano puede comprar en Mejico á 18 centavos la v.ra y q.e el ranchero californio tiene q.e pagar á 6 r.s, porq.e en atencion á no fabricarse aquí ese renglon, y ser de toda urgencia, se tolera su introduccion, del estrangero con el enorme derecho de 16 á 20 cent.s cada vara; lo mismo sucede con los demas efectos q.e se hallan en igual caso, pues, aun cuando fueren mejicanos, introducidos p.r buques nacionales, los sobrecargos se venden al mismo precio q.e los q.e son importados del estrangero. V.g: los sombreros de lana q.e en Mejico se compran á 6 r.s y á peso, valen 6, 8, hasta 10 p.s en California. Si pues, como repetimos, se hubiere hecho presente esto á la augusta cámara, sin duda alguna habria p.r lo menos un artículo ecepcional, cuando no un arancel peculiar p.a California, mas adecuado á su situacion y necesidad, p.r ser un pais nac.te en él q.e no ha habido tiempo ni oportu= nidad de desarrollar la industria, lo q.e si no se toma en consideracion, los labradores continua= =remos como hasta aquí, en la dura alternativa de andar desnudos, ó ser esclavos de los q.e hacen el tráfico p.r mar, tanto de los puertos estrangeros

^ y solo q.e nosotros habia sido indiez á abolir el sistema feudal
en tiempo de nuestros heroes, tiempos

como de los mejicanos, tendremos Señor, y seremos Vasallos
mas degradados q.e los del antiguo sistema, porq.e entonces
el derecho Señorial era la recompensa de servicios
señalados hechos al estado, y ahora se adquiere p.r
venir en un buque de Boston ó Mazatlan.

Tres ramos de riqueza abundante hacian famosa á
California: la Nutria, el castor, y el ganado.
Cazadores aventureros han estinguido ya el primero,
~~otros~~ estan acabando con el segundo, y los sobrecargos
empezaron ya la destruccion del tercero y último; pues
á mas de ser[los] precios de sus efectos tan exorbitantes
y pudiera calificarse de fraudulentas sus ventas,
todos estan de acuerdo, en recibir solam.te cueros
y sebos, y nada de producto agricolas. ~~La [aqui] es~~
y el ~~labrador~~ ranchero no cultiva sus campos, y el ganado
está concluyendo, pues, es notoriam.te sabido
q.e ni con el esterminio de todo el ganado bacuno
q.e hay en el pais, se alcanzará á pagar lo q.e
se debe á los buques mercantes q.e hacen el comercio en la
costa de California.

En tan grave conflicto, ap.lamos á la
benignidad de V.E. como único capaz de aplicar
el remedio. Si Sor. Emo. creemos haber encontrado
ese remedio cuya aplicacion pende de V.E. quien
tiene facultad p.a ello, y estamos seguros de su
voluntad.

El mar del N.O. se halla [y.a p.r] surcado

169

de un crecido número de balleneros q.e sabemos
vendrian á estas costas á refrescar viveres si
seles concediere unicam.te las mismas garantias
q.e les ofrecen otros paises no mas hospitalarios
q.e el mejicano, y se reduce á permitirles ~~estar~~
~~estar~~ en la costa el tiempo necesario p.a reparar
averias y surtirse de viveres, auxiliarles en la
persecucion y aprehension de sus desertores, y con-
=sentirles la venta hasta de $500 en efectos
pagando los derechos de Arancel corresp.tes —
Con todo esas garantias, vendrian anualm.te por
lo menos 300 balleneros á estas costas, y aunq.e
el precio de sus efectos, aumentado p.r los derechos
aduanales, fuese duplo du Costo primitivo, siempre
serian mucho mas bajos q.e los de los buques
mercantes q.e tienen q.e conciliar los Costos, los
derechos, los gastos del buque (desde su salida
del Puerto de su procedencia) las utilidades
q.e deben corresponder á los armadores, sobrecargos
y consignatarios; el tiempo q.e tienen q.e permanecer
en la costa p.a cobrar lo q.e fian; el sueldo
del guarda, lo insolvente de alguno de sus deudores,
y otras muchas consideraciones q.e les hace no conformarse
con menos de tres o cuatrocientos p.r ciento de utilidad sobre el
principal, cuya utilidad tiene q.e pagar precisam.te
el ranchero con cueros y sebo. === Los balleneros

170

al contrario cuya principal especulacion es la del pasado, y no el comercio no tienen q.e hacer todos esos calculos, lo q.e todo concurren á la ruina del la= brador. Ellos no han, ni tienen q.e repartir entre tantas manos las utilidad.s de sus pesos, ni q.e permanecen tanto tiempo, etc., p.r lo q.e es probable q.e se conformaran con una ganancia muy moderada, y ademas, no son cueros y sebos lo q.e vienen á estraer sino viveres, fomentando asi la agricultura, y aun dejando algun dinero en el pais. ═══ La nota adjunta, es un calculo muy bajo del consumo q.e pueden hacer 300 balleneros permaneciendo un mes cada año en la costa, lo q.e se conseguirá ciertam.te si V.E. se sirve mandar publicar un reglamento en el q.e se les conceda lo q.e solicitamos, cuyo reglam.to circulará entre ellos encargando á la receptoria del puerto de S. Francisco q.e remita un ejemplar á cada uno de los balleneros q.e se presenten alli. ═══ P.r E. Esperamos q.e V.E. si tiene p.r justa nuestra peticion se dignará acceder á ella, adquiriendo de ese modo mas y mas derechos á la gratitud de los Californios, y en particular de los mas adictos y obed.s S.S. q. s. m. b. ═══
Sonoma, 8.bre 9. de 1844. ═ en papel comun etc.

1844 Oct 11.

65

Sôr. Dr. Santiago Maguindes

San Luis Obispo 8bre. 11 de 1844.

Muy Sor. mio: recibí de V. fha 9. del
presente a la que contesto que no puedo satifaser
a V. como convenimos en nuestra última vista
por motivo que las Reses que maté para cubrir
mis ventos resultaron muy diferentes a como yo
pensaba estubieran, y de consiguiente habiendo concluido estas ya me fue imposible ma-
tar otras; pues no manifestaran mas deso-
ladamente dar el Sueso; por cuyo motivo espero
que V. se sirva tener una poca de pasiensia
y aguardar hasta otra oportunidad

Juez de V. affmo S.S.

Diego Olivera

173

Sor Dn

Santiago P. Maquinley

Sus Manos

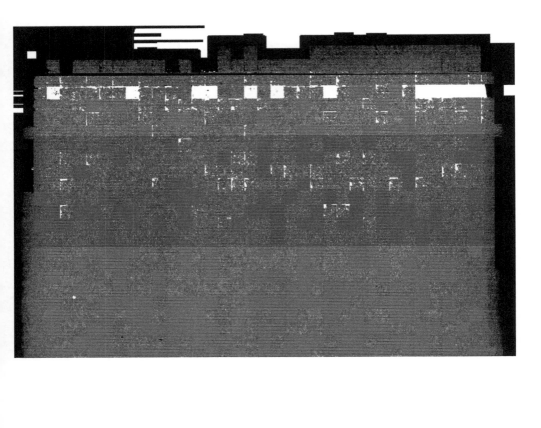

Sr. D. Juan B. R. Cooper

66

México Octubre 16 de 1844.

Estimado am°

He recibido las dos de V. y con la ultima la lamenta-
ble noticia de lo acaecido a la Goleta; como ha de ser
todas son desgracias p° nosotros y lo mas sensible que
ha sucedido cuando me habia resuelto á q° nos fueremos
el mes q° entra p° Californias aunq° no dice nada el
Gobierno. Como ha de ser amigo, ya no tengo pa-
ciencia p° sufrir tantas penas y tormentos como los
q° esta sintiendo mi alma y crea q° quisiera estar
mejor en el infierno q° aqui con lo q° me ha sucedido. Por el correo de hoy ba orden á Sr. Tomás Moreno
p° q° pida á V. y remita al Gob° una noticia de
las perdidas del buque en el temporal y los
pret-supuestos de lo q° importe la nueva compostura del buque asi como los viveres y vel-
tos. Se lo aviso á V. p° q° ponga todo lo q° se

174

cente se compusiese y repusiese allí con los víveres y
demas q.<sup>e</sup> se ha perdido hasta poner al buque en es—
tado de hacer el viaje á Californias; expliquele
todo á D.<sup>n</sup> Tomás p.<sup>a</sup> q.<sup>e</sup> el lo recomiende al Gobier—
no, y V. avíseme de todo p.<sup>a</sup> estar yo al alcance
de todo lo q.<sup>e</sup> ha perdido el buque y lo q.<sup>e</sup> necesi—
ta p.<sup>a</sup> ponerse en estado de salir ála mar.

Mándeme un tanto de todo lo q.<sup>e</sup> le pase
á D.<sup>n</sup> Tomás Moreno.

Ha hecho V. muy bien de no poner la
polvora y plomo á bordo hasta q.<sup>e</sup> salga el buque.

También deberá entregarle D.<sup>n</sup> Tomás
tres mil piedras de chispa cuya orden ha man—
dado el Gob.<sup>no</sup>

Consérvese bueno y ruegue á Dios como yo nos
saque de este laberinto y nos conceda el gusto de vol—
ver al seno de nuestras familias y amigos.

De V. su afmo amig.<sup>o</sup> y seró. q.<sup>e</sup> b. s. m.

José M.ª Flores

66A

175

176

Sor. Dn. Juan Bta. R. Cooper.

Acapulco

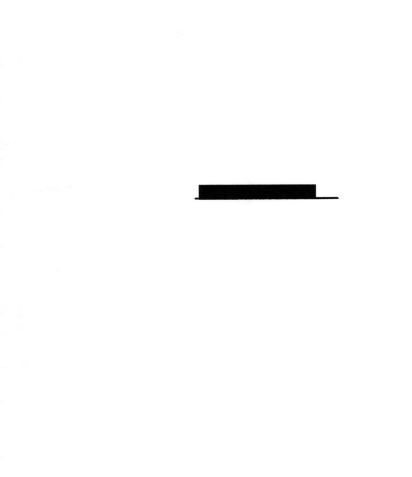

Dia 24. Al Canaca del _siguiente_ con el de Domínguez _ _ _ _ 1.

Dia 15  Domingo _Prieto_ con el mismo Sr. _ _ _ _ $ 12/14

Suma Total _ _ _ 14

Acapulco Octub.<sup>e</sup> 31/[__]

Recibí dha cantidad.

Juan Prieto

"Bill of Indictment"

Por 31 bceras á Stu. l. Esp.ª á 1 p.º — — « 31 – 0
Por los enesos mesinees á 6 p. caderes # 24 – 0
$ 5 5 . 0

Tengo recivid en cuera — - - - --« " 6 . º

Lunca sura — - - - - - - -- —„ 4 9 – 0

Acap.º Xbre. 2 de 1844 -

Doming.º

Al Sõr: Capitan D.
Juan Cooper.

E. L. M. J. B.

J. O.

6/ Monterey November 4 1844

Messrs C. Brewer & Co

Gent.

Yours of October 7 I rec'd
last night. as the Modeste is under sailing orders I
have no time to refer to my papers. Ends from memory must say that Mr Pierce settled our business in Santa
Barbara by his taking about £ in gold. Ends orders
or Notes for certain number of hides— the hides at two dollars
each on an a/c. I had to pay him some months after—
the cash was for my Correspondents in Mazatlan—

I found myself short of money— not going to Santa B—
to trade with Mr P. the latter however offered to pay
my debts in Mazatlan. if they only amounted to about
£ more than I had with me. if I would pay
him hereafter in hides at—or at $2. in Cash
for the laying out of his money. receiving one thousand
hides in the way of freight. I supposed I owe 60—
or 80 more than £ in M— not having my books
in Santa B— I could not tell. this balance and a
a trifle more due on my Monterey Note for goods in the
hands of Mr Spence. I have since paid

As to Mr Pierces a/cs of which you
think I have a copy. we had no accounts. only—
two Contracts or obligations of his. copies of which
you have. Counter Signed by Messrs Spence, Paty &
Everett. as to the freight of 575 hides at that time
I know nothing about them. he rec'd so many from

180

the Invoice at Santa B— and accepted Mr Everell
order for so many more. to take or not. he did take them
say Mr G— where he shipt them or why I do not know
on Mr P— taking those hides in San Diego— my Monterey
a/c was Decr 30/41 of 2842$55 was due in 8 months. Mr Pierce
recd Paty 165 hides. Everette 898 hides— Scott 200 hides—
dollars 2525$ 10 pr ct off is 284$ making 2810$ balance
due 32$55.

on Mazatlan a/c— I paid 2300$ and agreed
to Ship six hides— putting them in Oahu at 1000$— on knowing
Mr P— paying too much for me— he paid 1000$ and
purchase 600$— the 2300$ he recd in Gold. the 1000$
you recd in hides the sixty odd & 32$55= Mr Spence
recd—

I am aware I was allowed 10 pr ct
on the whole of my Monterey Note. because then and
there I paid it all. excepting about 32$— Since all paid
the 500 hides shipt to you. had nothing to do with it—

Mr P— did as you observe laid out of 1058$
from March until Decr for which he recd one
thousand reals in freight— 1000$ in hides in Decr— and
32 hides to Mr Spence a few months back with the 32$—

You say you "must adhere to the accounts
of Mr Pierce in his settlement with you. a copy of which must
be in your possession"———— I have no a/cs nor copy— only
two written contracts signed by Mr P— of which you are
certainly aware having sent two copies. And only ask
you to be guided by them. if there is any thing due. I will
pay it. and should be sorry it was not done before— But I do
not perceive where I owe your house a dollar on these
two contracts

181

In all your letters you speak of different accounts — but never of the two instruments of writing of Mr Pierce. — do you not admit them as the trades made between us —

In my last I intended to say you would be paid the amount of the protest. but I wanted to ax Captain Katy first. As the Party did pay the Note altho' they demured. are they not bound for the damages —

Your package for Mazatlan will go by the Juan Jose about the 20th any letters or packages you may have to send to Mazatlan — I will take any pleasure in forwarding you can order your Correspondent to mail them or I will — I will charge you the postage

Yours
With much respect

C. Brown &o –
Nov 8 – 1844

Sr. D. Juan B. R. Cooper      7ᵒ

Mexico Novᵉ 5. De 1844.

Mi estimado amᵒ

Con mucho sentimiento contesto la s.v. de 22. Del q. acabó porque ella me recuerda el mal estado en q. se hallaba su salud, la
que pido á Dios halla mejorado á la fecha.

Por fin, he conseguido Del Gobierno q. se halla la Goleta
á Mazatlan en el estado en q. se halla como v. me dice en su
carta pª q. se componga en dicho Puerto hasta dejarla en
estado de salir pª Californias: al efecto se han librado las ordenes al Tesorero de Mazatlan pª q. ministre á
v. lo q. necesite pª su compostura, viveres y demás por
cuenta de la asignación concedida á Californias. En tal
concepto deberá v. recivir y conducir los 30. quintales de polvora, las 3.000 piedras de chispa y los 40. qq ᵗˢ plomo q. está mandado se nos den.

Adjunto á v. una letra de docientos pesos contra el Sr.
Buenaga y á este Sr. puede franquearle cuatrocientos pesos
mas, sele recivo pª q. dichos Sr. lo mande aqui al Sr.

183

Dn José Hernandes Martinez, quien escribe sobre esto al Sor Buenaga, y yo entregar en el momento la cantidad. Si lo consigue v, con este dinero vea como lo aregla todo y se va con el buque lo mas pronto posible esperando me de aviso antes pues estoy con mucho cuidado.

Le mando esta certificada pr. q. con motivo de sue enfermedad no sea q. en el correo se fuera á extraviar la carta. Cuando llegue v. á Mazatlan pongase de acuerdo inmediatamente con el Sr. Dn Franco. Lenso q. se fefade empleado en la Aduana y con recado á mí nombre supliquele pa. q. influya y haga esfuerzo con el Tesorero pa. q. al buque sele de lo q. nicesite. Al Sor. Tesorero Postilla vealo tambien sobre lo mismo. Al Sor. Pini apoderado del Sr. Gral. vealo tambien pa. q. haga esfuerzo pr sacar dinero en cuenta de la asignacion y digale v. q. hace mes y medio le escribí remitiendole una orden pa. la Aduana y no he tenido respuesta, y se sirva escribirme. Al llegar á Mazatlan le suplico á v. se informe en la Comanda. Gral. sobre la llegada del Coronel Dn Nicolas Flores y si ha llegado viriselo y selo recomiendo á v. pues es mi Padre q.

154

1844 - Nov. 6.

me llevo á California.

Yo me voy salir de aquí pa. S. Blas tal vez sin nada
á fines de este mes, esto es si la revolución no estalla
en Guadalajara como se asegura ya.

El Gral. Santa Anna va á marchar á Queretaro con una fuerza de 1000 hombres pa. batir á Paredes q. dicen se ha pronunciado en Guadalajara. Todo el
interior está revuelto y concibe V. amigo como estará
mi corazon al considerar q. si aparece la revolución pr.
Guadalajara y Guanajuato ya no tengo por donde
irme á reunir con V. y á mi familia.

Sin embargo cuando llegue V. á Mazatlan escríbame luego pues quién sabe lo q. sucederá conmigo.

Si Buenaga le facilita los 400 pa. mas, hagame favor de comprarme dos ó tres tercios de azu-car de la buena pa. mi casa.

Mandeme V. á vuelta de correos el recibo de
los 619. pesos de la libranza anterior y el de los
200. de ahora pa. cubrir mis cuentas.

Luego q. la goleta este compuesta en Mazatlan deberá V. venir á S. Blas á esperarme pa. recibir las

185

alir á la mar; con esta noticia recibirá algun consuel
u amigo y serv.r q. b. s. m.

José M.ª Flores

Monterey Nov 12 1844

Mr W. D. M. Howard

Sir Having to
deliver to Captain H. Fitch Fifty —
dollars in Tallow at twelve riàls pr @
I wish you to deliver to him — this amt.
And charge to my account. or a/c —
of the hides I was to received from Hrs.
Arrüg —

In non payment of the above
I owe Capt. Fifty dollars in money —

Thomas O. Larkin

187

Order on Mr.
Howard for 50 in
Tallow

Mr. W. D. M. Howard

Ship Vandalia

Mahon Jany
1835
Alliges

$155

By the *[illegible]* Honolulu Nov. 13th 1844

72

My dear General

My last to you was dated 8 ulten by the French ship Leon.

On the 28th ultc. I had the pleasure of receiving your very important of the 20th April, forwarded to me by Messrs Scarborough & Co of Mazatlan.

The answers to my queries are full & able, & such as I could have expected from the talent that I always attributed to you, and the latter part relative to the willingness of the government to grant to you and to me eleven square Leagues of Land each is very satisfactory. Pray do not lose sight of it but keep your own counsel secret, for a time an arise, & that soon, when a grant of land may be of great importance to you & to your family. From the increase landings at California of American ships of war, their views upon the Territory are apparent and if the question of Texas had led to a war you seem not cannot be doubted.

In such an event, the only power that could save California is Great Britain, and nothing can justify her interference so much, as persons you of land, under the Mexican Government to British subjects.

Be ready therefore to grasp all you can for and for yourself, if such a crisis should threat and if the general wishes to join us, he could secretly, have one third of the allotment to me and to you, so as that his grant also come under British Protection.

You could make use of my Pamphlet on Texas and California to prove to him that I have always been and am a friend to Mexico and that you & I wanted only use our grants

... way favourable to Mexico, in any struggle with
United States.

The sites of land sought or cause to be well
new, along the Banks of the Rivers I have mentioned,
and as near a Sea-port, as possible

If the grants can be obtained for nothing in
old way, of course it is much better than
giving for the land in Deferred Bonds, which
is now at 15. & 16% for each Bond of £100.

I send you the Friends of 26 September and
November — also the Polynesians of 10th 17 - 24 & 31
August and 7 September, containing Extracts from
my Report on Mexico & its Finances, to the London
committee of Bondholders, sent from Mexico
in December last. These latter will enable you
to prove to His Excellency General Micheltorena
of whom by the bye, I heard many good things
from Generals Paredes, Pavicca, Barron & others, that
are no enemy to Mexico, & that in treating
with me, he would be quite safe

All that I have written must of course be
kept quite Confidential, between you and the
General. If he be a man of talent, as he is re-
presented to be, he will at once see the advantages of such an arrangement as that which
you & I have contemplated, whether California
remain a Dependency of Mexico - declare itself
independent, or be swallowed up by the United
States.

I may yet pay you a visit in California, mean
while with Compts to the Johnstones, young Mastin
in - Jarkin & best wishes to yourself & family
from Mastin Esquire I remain ever

Monterey

Vallejo Documents
H. H. Bancroft Collection

Your faithful Cousin
Robert C. Wyllie

1844 = Nov. 15ᵗ

1º

D. Cayetano Juaris

La nota de 1ᵃ de
hoy esta recivd, y admitida en
que v. me lo entrego el Im-
-porte de su Cuenta con migo
a fav. d. Cesario Latillade en
trigo en el Embadero de Napa
Cuando el Soᵗ los pida —
Lo remito á su Cuenta el
su importe es $ 76 — 4 rs en trigo
à 2 f à fgᵒ Son Trienta y Ocho
y una Cuarto de fgᵗ con el
recivo del dho Soᵗ Latallade qued
Nuestra Cuenta Chancelado —
Sonoma Novᵉ 15 = 1844
J. P. Leese

191

My dear Sir, 1844 - Nov. 22.

On the 21st of January of this present year I wrote you a letter of which the following is a copy but having received no answer I deem it necessary to write you again. I am sorry to announce to you the melancholly tidings of the death of your Brother Peter - after a lingering illness which he bore with great patience, He departed this life on the 17th January - I consider it My duty to communicate to you this event - not only on the anxious desire you must feel towards our family but also on account of a succession that has been opened up to you - which if properly looked after will be to your advantage - As far as is at present known his Estate stands thus He has left some heiritable property to which Catherine the daughter of your brother John succeeds as heir at Law but this I believe is burdened to its full value and of course you have nothing to look to from this source he has also left some moveable pro- -perty which is claimed by your Brother Finlay. but you are entitled to one half of the residue what ever remains after payment of his debts. The succession may be little or nothing but unless it is looked after your Brother Finlay will grasp all he will take every thing. To protect your rights, small as they may be I have been advised to intimate to you this, I request also that you will transmit a Mandate in the form annexed that your interests may be attended to and not altogether Neglected

It is with feelings of extreme regret that I should recur to the conduct of your brother Finlay towards me, A Mother's feelings are too strong, and she feels them more acnicutly when she is denied to see the last moments of her own son - To you and all others it might appear improbable that Finlay denied me access to your brother in his dying moments Nay more than this after his death when I asked permission to see his corpse he also refused me this and Placed Police men at the door to prevent me paying the

the last duties a mother can possibly do for her child, my ...
is too full to write further on this Melancholly usage
I must Say had it not been for the kindness of Mr John ...
who received Me into his house when I came to Edinbu...
I must have been put to great inconvenience (and shew...
great kindness in my trouble and distress — You will ...
Mind him he is a son to Mr Wm Bruce Smith in ...
street Stirling — I would recommend that you would ...
and forward to him the afore Mentioned Mandate ...
for and Protect your interests in so far as regards your ...
to your brother's succession he has kindly accepted of th...
and as he being a Neutral Person and having no bia...
to one Party or another he I make no doubt will do his duty ...
satisfaction for although the Mandate be in his favou...
his acting shall always be with and under my advice
with the kindest and sincerest regards to you

    I am your affectionate Mother
     Cathrine Mc Ti...

Mr John Bruce  Copy of Mandate
 Scale & Beam Manufacturer
   McLaren Place
    Leith Wynd
    Edinburgh

741

   Sir I hereby authorise and impower yo...
take all legal and necessary Measures, for fully a...
completetly Vesting my right in the Succession of my b...
Brother Peter McKinlay's effects and in general to a...
Me in all matters regarding that succession or the qu...
which might arise out of it, — as fully and freely in
respects as I could do myself For all which this shall...
your Sufficient Warrant I am Sir — I

Since writing to you last (of which the above is a copy) I...

any thing and what you will think more disgraceful he will
Not even pay the lawful debts contracted by his brother previous
to his decease and even the doctor's bill was refused nor would he
pay even that until summoned to a court for it. If you would
empower me to receive your share, I would prevent the memory
of your brother from being disgraced in this manner

C McKinlay

Edinburgh 22<sup>nd</sup> Nov<sup>r</sup>
1844

74B

To] Mr James McKinlay
Care of — Thomas Jump Esqr
Callao
/Lima or Peru/

195

Edinburgh Octr 1844 —

Mexico Novre. 22. de 1844

Estimado amo.

Contesto la grata de V. de 12. del actual complaciendome
mucho se halle restablecido.

He pagado al Sr. Algara la letra de cien pesos
qe. giró V. en mi contra y le adjunto ahora una de
docientos noventa y un pesos pa. qe. la cobre, siendo esto
el completo de los siscientos pesos qe. le ofrecí y lo
ultimo seguramte. qe. yo le mande: procure V. pr.
Dios economias cuanto sea posible. Aunqe. la letra es pr. valor de 291. ps. siempre mandeme V. el
recibo de 300. ps. pues los nueve qe. faltan donde
premio dela libranza de cuyo único modo
he podido conseguirla; y V. puede en sus cuentas ponerlos como gastos del buque pr. premios
del dinero. Si no economisa V. sus gastos se va á amolar pr.
ya no tengo dinero qe. darle y el Gobno. no tiene mucho.

Por fin esta decretado qe. no salga V. de Acapulco con
la Goleta ni yo pa. California. El Gobno. ha dispuesto

576

qe. permanezca o. allí con el buque hasta qe. vuelva al or—
ten Mazatlan qe. se ha pronunciado pr. el plan del Gral. Paredes
rebes qe. lo está en Guadalajara. Es cierto qe. si saliese v. ahora
se tomarian el buque los pronunciados y se acababa de
perder toda esperanza. Somos muy desgraciados amigo, la suerte
no se cansa de afligirnos y no parece sino qe. nos ha con—
denado á vivir separados de nuestras familias.

La República está en una completa anarquía.
Guadalajara, Aguas Calientes, Zacatecas, Sinaloa con Mazatlan, y Sonora se han pronunciado en contra del Gral.
Santa Anna; pero este Gral. marcha sobre Paredes con
un egercito brillante de quince mil hombres; cuando han visto esta fuerza todos los hombres compro—
metidos en la revolucion se han sometido, y ahora casi es
seguro el triunfo del Gobno.

Al paso del Gral. Santa Anna pr. esta capital lo fuí á ver con Castañares y hablamos sobre mi
vuelta á California, y la resolucion de este Sr. fue qe. pr.
ahora no podia volverme tanto pr. qe. Mazatlan estaba pro
nunciado y no habia de dar nada pa. Californias, co—
mo pr. qe. el Gobno. no podia en vista de la revolucion
mandarle al Gral. ningunos auxilios; qe. en tal vir—

147

tud aguardarse á q. concluya dicha revolucion, q. segun se dice será antes de un mes, y q. marche en su compañia á la campaña. Hay tiene V. amigo mio q. sin irme ni venirme me boy á ver enmedio del torrente de la revolucion, aunq. pr. una parte me alegro pues voy en su Secretaria particular y solo lo q. no consiga pa. Californias estando á su lado mucho menos he de conseguir en Mejico donde el Gobno. y Ministros no dan un solo paso q. no sea con el asenso del Gral. Santa Anna.

En consecuencia el dia 25. del corte. salgo de esta Capital á incorporarme con dicho Gral. Santa Anna en Queretaro pues apenas me dió licencia pa. arreglar mis negocios. Para lo subcesivo puede V. entenderse con el Sr. Dn. Manuel Castañares en todo lo q. le ocurra, pues á dicho Señor lo dejo á V. recomendado y no tubo q. obrará lo mismo q. si yo fuera: si quiere V. escribirme dirijale las cartas tambien á Castañares pa. q. el me las remita donde me halle.

No crea V. q. pr. q. las circunstancias ó mi destino me ponen en campaña he de olvidar un solo momento á Californias ni la comision con q. desgraciadamente vine á Mejico; por el contrario hoy mas q. nun-

198

ca-voy á trabajar en su favor puesto q. voy á estar al lado
del hombre q. rije los destinos dela Republica.

¡Hay amigo mio! si V. viese como está mi corazon
al contemplar la suerte de nuestro pobre Gral. Micheltorena de quien he tenido ultimas noticias y está al
punto de volverse loco! Mi familia abandonada y sin
recursos pues hay una miseria horrorosa. El Gob. q. no
toma empeño p. mandar recursos, pues está V. entendido q.
si no estalla la revolucion en Guadalajara me iba á marchar como vine, y en Mazatlan no hubieran dado fincas ó
p. q. el Administrador es el mismo ladron q. habia cuan
estuvo V. allí ahora un año. Considere V. pues como nos
ibamos á presentar ante el Gral en un medio real despues de ocho ó dies meses de viaje!. Bamos amigo si
estoy desesperado, abrumado, p. todas partes q. vuelvo la
vista me encuentro con males q. lamentar y penas q. sufrir y voy á la campaña p. q. tal vez la muerte pondrá fin á tantas angustias y pesares; casi no puedo
respirar con libertad; contemplo en V., pienso en el
Gral, en mi familia, en mi y hecho á correr A Dios
amigo compadescame y ruegele á Dios q. cuanto antes nos
vueloamos á ver libres de tantas desgracias.
                    Su afmo. am.o q. ...ima
                         Ma Rl

y recomendar le la planilla[?] que relativa a su asistencia en su enfermedad.

Por veinte y siete visitas _ _ _ $27 ,,
Por unas friegas _ _ _ _ _ _ _ _ ,, _ 2.

Suma $. 27 _ 2.

Igual suplica hago con respecto al 1. Piloto, ye[?] s[?]

Por trece visitas _ _ _ _ _ _ _ $ 13 _ ,,
Por una sangria _ _ _ _ _ _ _ _ ,, _ 4.
Por varias medicinas, _ _ _ _ _ _ ,, _ 6 ½

Total por ambos $ 41 = 4 ½

Suma $ _ 14 _ 2 ½

Acap.co Sbre. 27/844.

Intervine José M. Lozanía $ 200

1844. Nov. 27.

Honolulu Nov 27 1844

Mr. T. O. Larkin

Dear Sir

Your letter of 4th inst is before us — As you say you have had any ace current from Mr Pierce, we now send you a copy of the one he sent to us — We send also extract from Mr Pierce's letter — From these you will learn the manner in which the 1263 hides received by Mr P. were disposed of. — It appears that Mr Pierce received from you in Santa Barbara $4100 — on which he allowed you a premium of $570 — that he took 575 hides and allowed you $175 each as Cash, being 25 cts more than the cash price on the Coast — With the money these hides which he took in California, he agreed to pay and will pay for you, in Mazatlan $5368 in Cash — without any charge for Commission and saving you freight & insurance on that Sum to Mazatlan —

It also appears that Mr Pierce sold you a lot of goods to amount of $2842 25 and agreed to allow a discount of 10 pc on payments made previous to March 1842 — You have taken discount on the whole amount, notwithstanding the 500 hides for Fama did not arrive here until Dec'r /42, eight months after the time when discount [       ] to be allowed — According to Mr [       ] there is still due on ac[      ] note the

1263

Sum of _____ 182.30

Balance of Mr Peirce's a/c ——— 62.39

Protest on Paty's note ——— 9.

Int on ditto for a/c sent you ——— 32.66

$286.35

Cr Bal of a/c due now

48 hides del'd Mr Spence 96. 96.52

Bal due P&B on note & book a/c $189.85

This we consider to be the sum rightly and
justly belonging to Peirce & Brewer; and
we think that, if you are disposed to look
at the a/c fairly, it must appear so to you.
The California accounts of P&Brewer have
been more troublesome and vexatious, than
all the rest of their accounts together. We
hoped, as this one appeared so plain,
that it might be settled without any
dispute; but we see no prospect of its
being so — And now being tired of writing
on this subject; we leave it, and you
can pay of the above amount whatever
sum you please. — We have always been

1844 – Dec 2.

Boston Dec 2nd 1844. –

Wm M. Rogers in ac/t with T. O. Larkin

Dr. — To bill of exchange from J. B. R. Cooper June 21
1844. for $1000. —————— $ 1000.00.
" To bill of exchange from sd Cooper of
same date for $500. ————— 500.00.
$ 1500.00.

Cr. —

To Ten shares stock of the Granite Bank of
Boston at $95. pr. share ——— $ 950.00.
" To monies pd. E. L. Childs as pr. order 75.00.
" To pd. note of Amariah Childs. 190.00.
" To pd Martha Cooper as pr. order — 90.00.
" To expenses &c ——— 1.00.
$1306.00

Dr. by —— $1500
Cr. by —— 1306.
Dr. by —— 294.

E. E. Wm M. Rogers.

Boston Dec 2/44 —

My dear Cousin.

I send you an acc't of your affairs
in my hands. I have rec'd and p'd two drafts from
Cooper in your favor dated at Monterey June 21/44.
They reached me in Sept. — I have settled with Hunnewell
by compromise for $300. and after paying Mrs. French
$70 for John on some old acc'ts, and by carrying the
$300. of his money, which I reserved to meet possible
expenses of Commission to Canton, to his credit I had
enough to pay his bills of Exchange and leave
him a small balance in my hands as per acc't
this day rendered him which He will show you.
I have paid Ebr'n $75. I wrote to Lynn and ascertained
that Mr. Childs had given the note to Ann. I called
on her and found the face of the note $190, and
believing I was meeting your wishes I p'd it. It
was her only wedding portion from Mr. C. Agreeably
to your directions, I have p'd. Aunt Cooper $90
which with previous payments will make the
sum up to $300. I have bought and hold for
you ten shares in the stock of the Granite Bank
of Boston. I believe it a safe bp't stock. The
balance in my hands as per acc't I shall invest for
you as soon as I am able. You mention in one
of your letters, that money would be sent me
by a Mr. Forbes for you. I have rec'd none, and
heard nothing from him. The papers you would
sent to Indiana I transmitted and rec'd a letter of

304

inquiry wh. I answered. Your consular bonds are
in the hands of Capt. J. Smith who is going to
Washington and who will fill them out and sign
them with Eben or myself. As this may reach you
before Capt. Smith I shall write by him.
           The family are all well, and send their
best wishes.
           Yours ever, Wm M. Rogers.


P. S. Besides the above there is a balance in my hands
due you from the $25 your part of Bennet note, from
which I pd for the Journal of Commerce and the Boston
Courier, and pd Aunt Cooper I think $7.50. I have
not time to look it up. I sent you a large bundle
of the Courier pr. Montreal via the Islands.

William M. Rogers
Boston Dec 1844
Recd May 1845

Thos. O. Larkin U.S.C.
Monterey
Capt. Arthur.     California
206

77

Boston, Dec. 2 1844. —

Wm. M. Rogers in acct with I. R. B. Cooper. —

Dr. To balance as per acct rendered and sent to
    Cooper per Congaree Nov 7. 1843 = $ 1457. 56.
    To Cooper's part of draft on Benaw = 125. 00.
"  To monies retained by me to meet possible
    expenses on commission to Canton  — 300. 00.
                              $ 1882. 56

Cr. To Cooper draft in favor of T. O Larkin
    accepted and paid  ———  $ 1000. 00
"  To Cooper draft in favor of T. O Larkin
    accepted and paid  ——  500. 00.
"  To settlement of Hunnewell's claim
    by compromise.  ———  300. 00.
"  To pd. Mrs. French as per order  70. 00.
"  To expenses collecting draft &c  —  1. 00.
                              $ 1871. 00

    Dr — $ 1882. 56
    Cr — 1871. 00
Dr. to balance = 11. 56.
            Errors excepted  —

        Wm. M. Rogers.

Boston Dec 2 /44 -

My Dear Cousin

I have rec'd your two letters via
Acapulco within a few days. You are very welcome
to any service I have rendered you in the affair of
B & Don &c — I should have gone to trial if I could
have had a reasonable certainty of the sale. I sent
you an acct for Congare Nov 7/43. in which I
received $300. to meet possible expenses of a commission
to Canton for evidence. In the within acct I have
carried that sum to your credit, as I presume I
shall hear nothing. I have settled with Hunnewell
by compromise for $300, and have his receipt with
his written agreement that any note left for collection
against you in California shall be given up
to you or destroyed. I have not seen Mrs. French
but shall in a few days and pay her the $70 as
you direct me. I have rec'd two drafts from you
dated Monterey June 21/44 one for $1000. and
the other for $500. You mention but one of them in
your letters via Acapulco. I have accepted and
pd both. There is now due you in my hands
the balance as per acct and if I knew in what
things to send it I would do so by Capt Arthur.
Oliver can mention any trifle you would like
it in and I will send it. I shall write you
by Capt Stephen Smith overland, tho this may
reach you first. Uncle and Aunt are well
and desire kind remembrance.

Accept my best wishes for your happiness
and that of your family. —

Yours Wm M. Rogers.

77 B

209

Petaluma 3 de Dic.bre de 1844

Sor. no tiene V. reciba
ninguna

Partimos a la
goleta se alla aqui
el embarquedero en un
laigo y medio y, a de se-
siento sesenta, ó dos sientos a la
Goleta de Sor Limantux

Sor. mandeme el ilo
D.a las Costuras

D.r G. S. q.ca M.s a.
su mas atento servidor
Q. B. S. M.

Miguel Albaradon

211

Al Sr Comand.te Dn

Mariano G. Balleja

en

Sonoma

212

c-B 34; 81

Neu Helvetien d. 13ten December 1844.

An das Wohllöbliche

Herrn Wilhelm Hartnell in Monterey

Hochgeehrter Herr!

Ich ließ zwei Pläne in den Gründen
der Herrn D. Spence durch denselben bei dem
Sekret. dem H. Jimeno einreichen, welche
H. Spence gethan hat, mein Begehren wurde
aber durch H. Jimeno verworfen weil mein [...]
nicht hier [...] und nicht naturalisirt ist aber ich
[...] müßte sagen wenn ich etwas Land ver-
langen würde [...] zu demselben [...]
ich den [...] wünsche ich den [...]
worauf das [...] ist zu [...] mein [...]
transport [...] Statt solches Land zu [...]
[...] habe ich [...] im Gegentheil einen Theil
an die H. Sinclair Grundes abgegeben, nun H.
Spence hat einen Plan von M. Sinclair und die
Vorstellung in Händen, das Geld für die Bauge[...]
[...] zu dem Vertrag habe ich H. Spence
[...] weil ich [...] glaube [...]
[...] H. Jimeno ein [...] und [...]
Ansicht abschlagen würde [...] sind das für
Gründe wie er dafür hat, ich denke wie ich [...]
[...] ist auch meine beste [...]; allein es scheint
H. Jimeno ist gegen Alles [...] gar nicht [...]
[...] sein [...] sind [...] möchte ich [...] bitten ihn
zu fragen, daß [...] leichter [...] ist sein würde, ein
wenig mehr nach Recht [...] [...] zu ver-
fahren

213

auch dürfte er sein Versprechen
und wird einen Theil derselben
nach der H. Timeno ...[?] sein
... Ihnen ... ...
... ... den andern werth ...
Wenn Sie wollten die Güter
... unnehmen so würden Sie ...
... bin willig Ihnen zu ...
Zahlungen werden, und wenn
hier bekommen so werde ich ...
viel ... werth ich ... ...
und Ihnen ihr allen Mühe
der General ist willig alles ...
von der H. Timens; und er sollte
... ... berücksichtigen
... weniger Leute ... welche
Leute gebraucht haben, und welche
... aller Art ich ...
solche gute Ordnung und ...
zu bringen ... ... ...
... fleißiger von ... Leede ...
welche sich mit vieler Mühe und ...
vielen Leben ... und die ...
wird ... ... ... ... ...
... die ... zu ... und ...
Theil ... Wenn H. ...
... ... Sie die Güter
... zu übernehmen, ... ...
... will so ... ... ...
... aber nicht so ... ...
... Leute ... ... ...
... auch H. Timeno weil ...
... ... und ... ...
... nicht recht ... zu ...
H. Timeno ... das ... diese
... ... die Leute alle gegen ...
... sind, und dass Sie das nicht ...
... ich habe viele Mühe ...
214

Die Preußen protestieren auch wegen Bodega und [...]
[...] auch ungerechte Weise geschrieben
[...], warum es [...] nicht wieder zur [...]
gegeben [...], zu wird ein Preußischer Besorg-
[...] durch den [...] und die Regierung
[...] erhalten [...].
[...] auch für [...] zu Gunsten der
Magdelene [...], welches [...] erbärmlich,
[...] allgemeinen [...], kurz, [...], niemals [...]
[...] zu mir [...] wird [...]
[...] mir sehr lieb, [...] mich diese
[...] [...] ich Ihnen [...] dank
[...], [...] [...] politische
[...] [...] und in keinem
[...] mehr zu denken ist. —
[...] gehen [...], das weiß ich nicht
[...] [...], wir [...]
[...] ich [...] diese [...]
[...] wird, es wird gewiß zu [...]
[...] mir zu willkommen. —
[...] von mir gefälligst durch meinen
Courier, vielleicht kann dieser [...] wohl die [...]
mitbringen, aus Dresden kann [...]
werden, wenn man nur will.

215

ganz Ergebener

A. Sattler

Dresden d. 13. 1844

316

Al Cap.n del buque de trasporte D. Leon[?]

Sonoma, Feb.o 16/844. Muy Señor mio. = Habiendo
sabido q.e V. habia ofrecido su buque p.a conducir á
Mazatlan á los individuos de la tropa[?] y q.e sus —
fechorias han causado la alarma en q.e se encuentra
doy el pais; y estando yá acordado entre el C. S. Gral
D. Manl. Micheltorena y los Gefes de la fuerza
pronunciada un tratado en q.e estos piden, y
aquel conviene en el embarque de la citada tropa,
segun se impondrá V. por la adjunta copia, he de
merecer á V. se sirva hacerme saber p.r medio del
Ten.te Coronel D. V.or Prudon, dador de esta, á q.e
precio, y bajo q.e condiciones quisiera V. recibir
y conducir á su bordo hasta el mencionado punto
á la repetida tropa, p.a informar yo de ello
al Sor Comand.te Gral. en la intelig.a de
q.e V. soy personalm.te responsable _____ á la
exibicion de pago.

John August Sutter Esq.

My dear Sir: I have manifested
your favor of 13th Instant to Mr. Jimeno, who
says that he is extremely sorry that you should
suppose that his conduct is regulated by par-
tiality or favour and not by justice, but that
his conscience does not accuse him of having
done anything wrong by you, and that so long
as he may remain in the situation he at
present holds, he is determined to be guided constantly
by what he considers justice in whatever information his govern may require him to give.

I have likewise spoken with Mr. Hoa
who informs me that your son's papers are
at present before the general and that he
cannot at present say what him to
he may give.

I will always give

218

pleasure to serve you to the utmost of my power but I only rec.d your letter yesterday, and your Courier tells me that he must leave to day, so that it is impossible in so short a time to form any idea of what may be done for you, but I shall not lose sight of your interest.

... Sie mich dass ich Ihnen nicht auf ~~deutsch~~ beantworten, denn ob ich gleich etwas ... es gibt mir viele Mühe es zu schreiben.

Ihr ergebenster Diener

[signature]

217

December 17, 1844.

Sr. D. Antonio M. Osio.

Monta 19 de Diciembre de 1844.

Mi dño. y Sr. La última carta de
Sutter es de marchar á Monterey á ponerse
á disposición del gral. con una porcion de gente; digo extranjeros para hacer la guerra
al Plan: protesta qe. en S. José se está ar-
mando gente pa. romper el Armisticio &; pero
todo vale nada por qe. esa porcion de aventureros necesitan valerse de un pretexto legal para . . . . . . . . . . . . . . . . . . .

El debe salir, según su carta de mañana á pasado mañana: Yo le dirijo ahora
mismo un propio reprobándole abiertamen-te
su conducta, tanto qe. aunqe. mal escrita mi carta, se ha de circular pronto para evitar muchos compromisos.

220

No hay aqui embarcacion pronta p.ª
dirijir correo á Bautista avisandole del oficio,
pero puede V. remitirle esta carta con
toda violencia para darle tiempo de pen-
sar, y arreglar su conducta.—

B. S. M. su afmo. amº y
compª

M. G. Vallejo

85 A

221

1844. Dec. 20.

Sr. D. Juan Cooper!

Acapulco.

México Dic 20/844

Mi apreciable amigo

Recibí su grata fecha 3 del corriente qe. no había contestado
pr. qe. he estado bastante enfermo y aun hoy no estoy restablecido!

El Capitan Flores marchó con el Sr. General Santa
Anna, y pr. los acontecimientos habidos en esta Capital y qe. V.
sabrá ya se ha interrumpido el correo con el interior: no sé
cual será la suerte de ese amigo

Mucho deploro la suerte de nuestro desgraciado Departamento; yo no he cesado de trabajar por él, y
cuando había logrado todo, vino la rebolución a trastornarlo
todo.

Para mandar a V. los 8ts. qe. qe. le remitió
Flores primero, fue necesario qe. yo comprometiese mi credito
personal a seguir mas trabajar lograr lo que deseo otro franco

participa del Bergantin Genovés; ¡Ojala y haya algo de adelantamiento.

Dígame V. si se arriesga á salir á la mar en la Goleta y emprender su viaje á California, pues yo veo qe. su regreso si esperamos recursos va muy largo.

No deje V. de escribirme, no siendo ya ahora muy largo pr. qe. no me lo permite el estado de debilidad en qe. me encuentro.

Disponga V. su salud y mande cuanto guste á su afmo. amigo Q. B. S. M.

Manl. Carranza

Acapulco

A D. Juan B. R. Cooper

Cap.^n de la Goleta California

2.2.11

MEXICO
FRANCA

Manuel Jamino
Dic.^re 10 1824

Sor. Dn.
Mno. G. Vallejo

Muy Sor.

Aprecio esta oy noctenido una [...]
[...] mandale a V. los encomiendes y [...]
yo, pues en la primera y segunda [...]
a V. logre e pudier conseguir dlo y [...]
[...] able a [...] la facilidad de los [...]
y [...] Mano [...] tres [...] los dos [...]
[...] y V. miso el favor de mandar [...]
[...] las arrobas y [...] y dice [...]
V. pueda alistarme 100. o mas a [...]
precio y V. indizo y [...] podra darme [...]
[...] le suplico y en primera oportunidad [...]
2 [...] o mas 2 id de [...]

226

...nos separan y desmallan del partido de los
del pais, debido á algunas indiscreciones q. Comete
... varios individuos con el Caracter del partido
tal como la q. acaban de Cometer aqui con una
... de ... ello q. podra instruir á ... muy
... Sr. Lemartes q. ha pronunciado todo;
... noticia solo á V. se la escribo contando
... por la Confianza q. por su bondad
dispensa, Sr. yo ... V. nombrasteis Concejos
y Confieso q. ... menos por mi poca experiencia
pero por la sincera amistad q. le profeso yo
tendria mucho gusto de V. pudiera manifestar
... indiferente en lo esterior á los asuntos
politicos q. oy ... asi por lo q. antes
... como por el Conocimiento q. tengo
... origen dela rebolucion. Sr. Creo q. ...
... el espiritu de mi carta y le suplico q.
la Comunica á alguno sea solo á D. Salva...
no mas q. V. dispense mi franqueza y di...
de su afmo. q. b. su ... y B. S. M.
... Padilla

P. S. Suplico á V. q. ... ...
... mi ... mi doci...
... mar...

Sor Corl

Dn Mno G Vallejo

Pr foba del
Capn Lamontin                    Sonoma

227

Boston Dec 23 1844. –

W<sup>m</sup> M. Rogers in acc<sup>t</sup> with I. B. F. Cooper . $ 1457,56.

Dr. To Balance as per acc<sup>t</sup> rend<sup>d</sup> Nov 7/43 – 125.00

to Cooper p<sup>t</sup> of draft on Bennett — 300,00

to monies kept back to meet expenses of commission to Canton . ———

$1882,56

Contra Cr. – to Cooper's draft in favor of $

Larkin . p<sup>d</sup> – 1000.00.

" to Cooper's draft in favor of

Larkin – p<sup>d</sup> 500,00.

" To p<sup>d</sup> Hunnewell — 300.00

" To p<sup>d</sup> M<sup>rs</sup> French as per order 70,00

" to expenses — 1,00

1871,00

Dr. by balance of acc<sup>t</sup> E. E. – $1156 W<sup>m</sup> M. Rogers.

W<sup>m</sup> M. Rogers in acc<sup>t</sup> with I. O. Larkin

Dr. — To Cooper's draft in his favor p<sup>d</sup> – $1500.00

Contra Cr. – To ten shares Granite stock at

$95. per share . — 950.00

" To p<sup>d</sup> E. L. Childs as per order — 75.00

" To p<sup>d</sup> note of Am: Childs — 190.00

" To p<sup>d</sup> Martha Cooper — 90.00

" To expenses — 1,00

1306.00

Dr. To cash balance — $194. –

E E. W<sup>m</sup> M. Rogers. –

Boston Dec<sup>r</sup> 23/44.

228

Boston Dec 23. 1844.—

My dear Cousin — I wrote you and also John
California Capt Athern on the 21 inst. sending the
within account of your several affairs in my hand
Supposing this might reach you earlier by the or
rout, I write to give you the best information the
of your business. I have rec'd two letters from Joh
from Acapulco, in which he mentions one draf
your favor of $1000, but says nothing of this o
for $500. He directs me to pay a Mrs. French.
70 dollars which I will do. I have settled with
Hunnewell by compromise for $300, and taken
him an obligation that any note given his age
by John shall be destroyed or given up, if in case
I have heard nothing from the commissica Sent
Canton for evidence, and have therefore car
the $300 to meet possible expenses, to I think
as within. Should any occur I shall feel as
to take enough to satisfy it. but I expect none
There is a small balance of $11 belonging to John
in my hands. If he will suggest any thing he
like it in, I will send it by some of the Calfor

In relation to your affairs, I have give you cr.
John's drafts — $1500. pd. Ebn 75. I wrote to Ly
found the Childs claim was in the form of a not
he had given to Ann. The face of the note was $1
I pd. — as also $91 to Aunt Cooper. I have charg
expended $1. You will allow me to charge you ex
actually occurring in transacting your business
You may rest assured I shall never charge yo

any other. Your conductor bonds have been endorsed by Capt. Stephen Smith and myself and sent on to Washington. The Stock I have bought you, I should not have hesitated to have taken for myself if I had had the means. It is a ten cent stock and I believe safe. — The sum a balance of $190. I shall throw into Stock soon

I have just rec'd a draft in your favor Chas Mazan of New Bedford for two hundred and five dollars, at 30 days sight, and drawn by J. I have sent it to N. B. for collection at maturity, & when p'd, will credit you the amount. I will hon. draft of Robinson's (I believe that's the name) for two hundred dollars. You r'd. something of him t'rec'd by me from Forbes, I have heard no' from him. You very kindly mention a cer ring of California Gold, a present to my for wh. You will accept her best thanks! The Young Man leaves C. for Boston will g advise you. —

With my best wishes for yo happiness — I am Yours. —
Wm. M. Rojet

P. S. I cannot but hope that the above state of your affairs and John's will be satisfac I can only say I have done my best for, Uncle and Aunt and all the family are well. Capt. Smith expected me to write by him, but whole I thought the mail probably quicker.

T. O. Larkin 103 ? Consul
Monterey — California
Via N. York, Vra Cruz, Mexico
and Mazatlan. —
Cuidado Don Juan Parrott.
Mazatlan.

231

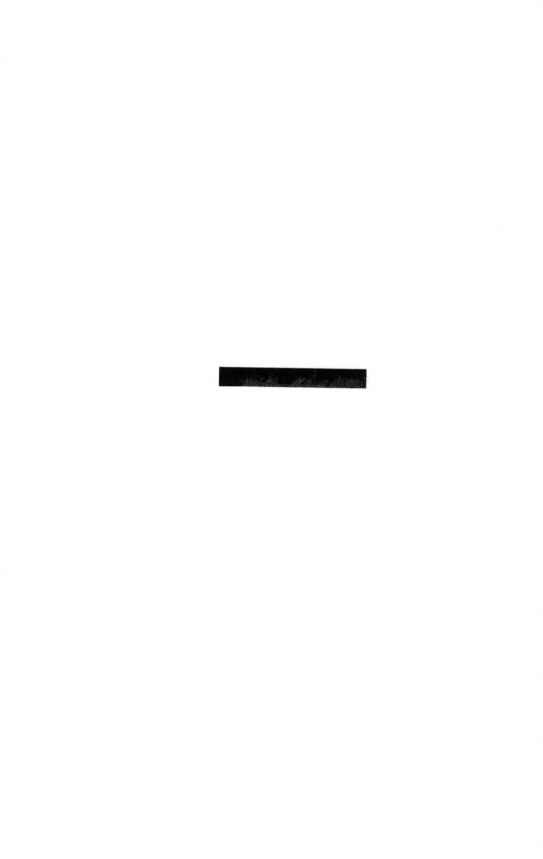

✳ I have shipt you 12 Boxes of Soap containing 360 cakes ~~oakes each~~ each — please deliver Seven Boxes to E. Grimes. he paying. all expences on the seven, ___ Boxes you will take on your own account the balance 15 Boxes 2/0 dollars — please deliver to Eli Jones or his agent. if he will take them at Eighteen dollars for Boxs. on account of J. B. B Cooper ~~and~~ pay the freight &c if he will not please sell them on my account for cash or on good credit — so that I can realize the cash here. I should like to barter ~~them for~~ this soap for cut Nails No 4 — 8 & 10 ~~fed predime it will~~ if they can come in the same. but ~~I predime~~ Mr Jones will take it on a/c of my brother

232

| | | | | | | | | |
|---|---|---|---|---|---|---|---|---|
| # | 90 | " | 1842 D'bro | By expences of landing, Government Storage and carting goods --- | | | 44 | |
| | 150 | " | | " duties cash 579$1 equal in hides | | | 772 | " |
| " | 256 | 7 | | " commission 10 pr. ct. on sales --- | | | 219 | 3 |
| | 1680 | " | | " storage of goods ------ | | | 7 | " |
| | 6 | " | | | | | | |
| # | 11 | " | | | | | $1002 | 7 |
| $2193 | 7 | | | 12 months interest on amount advanced for duties ---- | | | 90 | 5 |
| | | | | | | | | |
| | 143 | 1 | | 89B | | | | |
| $2337 | 0 | | | | | | 10.93 | 4 |
| | 4 | | Dec 23 1844 | By 514 hides shipt on board Ship Fama this day on your account and risk @ 2$ | | | 1028 | 0 |
| | | | | By 12 Boxes Soap shipt on board Ship Fama this day containg 350 cakes each | | | 216 | 0 |
| | | | | | | | 18$ | |
| 2337 | 4 | | | | | | 2337 | 4 |

Monterey California Dec 28 1844

E E—

234

Monterey Dec 24 1844

Mr Stephen Reynolds

Sir

      With this you have an account
current and sales of your the Invoice of goods shipt to
me by the Government Schr California. the sales being
from the reception of the goods, untill the next year,
you will have no profit on, this invoice of goods, if
you take in the interest of two years. yet as you
will meet with no loss. I hope the Shipment as it
was unadvised as it was will prove to your Satisfa
tion.

      I can assure you that near
one half of your goods were sold to one of the —
Vallys family is yet unpaid. this year he sent me
one Bag of tallow & ten hides — and I shall never
obtain any interest from him. I have however deter
mined to send you the hides and one years interest
that the speculation may not be a loss to you ✕

      If the trade of this country allowed
it. it would please me to receive consignments
from you — but it will not at present nor for
some time to come — follow on

235

In 1844, Joseph Hamer (of this vicinity
formerly), died in Monterey California,
He made a will at the instance of
Thomas O. Larkin, then Consul at that
place, and Mr Larkin wrote to his
mother now here, enclosing a copy of
the will, which makes Josephs mother
his sole devisee & legatee, and Mr Larkin
in his letter enclosing the copy of
the Will says," Since I have been ac-
quainted with your son Joseph he was
always very robust & healthy, until this
month, he was a very active and indus-
trious man, and with a small capital
was doing a lucrative business. I should
suppose his property there might be
from 1000 to 2000$. As I have not
seen the list of debts I cannot say &c"
        Sometime, probably in the
year 1846, Mr Larkin sent a draft for
$250. in my favor and some time
thereafter he sent a draft in favor
of J.C. Fremont upon Abert for $100.
And after I had written repeated letters
to him, in the year 1850. he sent me a
draft on Wm Rogers in favor of William
        236

In 1844 Joseph Hamer (of this one
county), dying in Monterey Calijor
He made a will at the instance
Thomas O. Larkin, then Consul at th
place, and Mr Larkin wrote to hi
mother now here, enclosing a copy
the will, which makes Joseph's mo
his sole devisee & legatee, and Mr L
larkin's letter enclosing the cofe
the Will says " Since I have bee
quainted with your son Joseph h
always very robust & healthy, until
month, he was a very active and
trious man, and with a small
was doing a lucrative business, & sh
dispose his property there might
from 1000 to 20000 $ As I have n
seen the list of debts I cannot .
Sometime, probably in
year 1848, Mr Larkin sent a draf
$250, in my favor and some ti
thereafter he sent a draft in fa
of Freemont upon Abert fo
And after I had written repeated
to him, in the year 1850, he sent
draft on Wm Rogers in favor of Mr

236

Wagner for $500 and as I regularly an
account ... as follows —

Dr. The Estate of Joseph Wagner in account
1846   with Thomas C. Gaskin,

Oct. To amt paid arrears for rent 32,
    1500 ft Lumber to Hanner   60,
    Lumber & joist to McWilliams 118.

Sept. To ft drawn by J. C. Jackson
    S. M. dated Sept 1846, payable
    to G. K. E. Allen ... & to   250.
    the order of Theo. Lally
                Hanner

1847. To ... J. A. drawn by J. C.
    ... on Col. G. G.
    Bow ... Hanner ... for
    one hundred dollars remitted
    to G. K. E. Allen by Geo. W.   100,
                H. Cairns

1850. Feb. Commission charged by
    McLittle for collecting
    amt on Wm Aidels on of
    G. W. Gulicks note of $725   8.72
                                      36872.
    To Balance due Estate          648.79

1846
May By cash balance of
    rent of Martin Sittle  20,36
    By cash of Mr Sittle
    By J. Hanner        } 116,00
    By cash of M. Sittle for
    half the goods & note by JR 312,00
    1848 May by McGidls note
    1 day after date for
    balance due on final
    settlement dated May 1847  192,36
    1858. By amt collected
    by Mr Little on Aug
    dersons note        }  36,00
    Mr. Gulicks             51,25
                         724741

R. C. Allen Esq
Dr Sir

Your favor of 25th April came
duly to hand, and its contents noted
I have herewith, an account current
with the Estate of Joseph Horner as made
out and handed me by Milton Sittle Esq
its correctness I do not vouch for, but
send it that you may from some idea
of what has been done by way of collec-
tions, expenses and payments thus far
I also enclose a letter of credit upon
(Mr Wm Rogers, Boston Mass) for ($500)
Five hundred Dollars, favor of Dolly
Horner, heir at law of Joseph Horner which
you will please deliver to her.

The business matters of that Country
have been very much retarded owing
to the perfect mania for the California Gold Mines, it has been impos-
sibly almost to get clerks to write or
transact business of any kind,

There may yet be collected from the
estate [...] to one thousand

Estate can be made.

Respectfully,
Your Obdt. Servt
Thomas O. Larkin

I have since the date of this letter of which the foregoing is a
copy repeatedly written to Wm Larkin but has not in any
[way?] etc I do not now know his whereabouts. In a letter to
Mrs Dolly Hoover the mother of [first?] [wife?] of the same date
he says "My Executor of your [Sale?] what I would be obliged to
would [set?] up by law, but I would advise you to have some
agent appointed for you Mr Michael Little may do, but
[is?] [perfectly?] willing to be consulted with and to act
as your friend in this matter"

Mrs Dolly Hoover appointed me as agent [preferring?] to
let the liability and responsibility of Mr Hardin [Hohol?]
[so?] [as?] they might be remain.

I have sufficient how I am by[?] [myself?] and
my object in writing to you is that if you can
find where Mr Larkin is, to call his attention to the
subject and cause him to settle and pay over
what is due. I [presume?] that if you address a
letter to him and it reaches him, he will
settle the claim at once. Please let me hear
from you on the subject, what you think
of the prospect, what is Mr Larkins character
as to pecuniary matters of this kind and
what will be your commissions for collecting
the claim on the amount collected.

Very Respectfully Yours
Guy R. C. Allen

P.S. All that Mrs S Hoover
[received?] has been through
me and I have received
as you will perceive over
$850.

239

Letter to Mr Allen
Relating to
Hoover Estate
1844.

1844 – Dec 30.

Cuenta – de los gastos que se isieron en la enfermedad del Cosinero de la California, – á saber –

En el mes de nobiembre fecha 27. bino ha mi casa y se
fué ha bordo el 29. d diciembre, ..........

Medecinas – q.e se compraron para su emfermedad cuando lo besitaba el Surujano, – Son – – – $,, 8, – – 0

Asistencia q.e se le iso en todo el tiempo q.e estubo en mi casa, en un mes y tres dias y.e
se le nasistió ha rason de 4.r por dia Son $,, 16. – – 4.

Suma – $,, 24. – – 4

Acapulco Dbre. 30 de 1844.

Sor. D. Mariano G.

Puerto de Guaym.ᵃ Abᵉ ...

Amigᵒ de mi aprecio.

Aunque mando á Vᵈ saludar en la que escribo
á D. Abel Stearns, no quedando contento con
esta sencilla demostracion de mi amistad, le
pongo estos quatro renglones pᵃ testificarle q.
no se han borrado en mi, los sentimientos de
gratitud, azia un amigo servidor.

### Un tropel de noticias.

Llegué, mas á pie que á caballo, á Mulegé, de
donde me embarqué pᵃ este puerto en una lancha
plana sin cubierta, arriesgando con mi hija me-
nor. los quatro quartos.

mi marcha p[ar]a Mazatlan y [?]
un empleo en el mismo de-
[?]to y la retencion de
[?] Sra. Guimiña, D[oñ]a Luz
[?] p[o]r fin tubo su verificativo,
[?] en este pais.
Casado ya, marché a V[e]r[acru]z su capital
en donde me encargué del Juzg[a]do de le-
tras, hasta que el Supremo Gob[ier]no tubo
á bien destinarme, sin pretenderlo, a este
P[ue]rto p[ar]a servir su fiscalia de Hacienda.

Como querían corregir en este punto
los abusos Añejos era ardua empresa,
hé sufrido enormes padecim[ien]tos y
me ha sido indispensable hacer p[o]r medio de los Ministerios una guerra ruidosa
p[ar]a contener el torrente de una tem-
pestad desecha que se me vino encima
p[o]r parte del Comercio, de los empleados
y Autoridades Aclimatadas con el grande

342

familia de mi parte, de la [...]

Rosa Cesaria (ahora llama[...]

disponga de las mitilidades de [...]

y reconocido amigo.

Q. at.to B. L. M.

Cosme J. Peña.

Mui Señores á los

Sres.

Alvarado.

Castro.

Cesarin.

etc.ª etc.ª

243

...no me ha resuelto a proporcionar el [...]
no real ley, [...] o si ha ocurrido [...] no [...]
[...] a [...] manos, Tampoco se si la [...]
[...] llegaría a [...] de [...]

Hoy, solo tengo q. comunicarle de importante
[...] fallecimiento del venturoso Sr. D. Luis Castillo q.
[...] acaecido en [...] Su familia ha
[...] y D. Fran.co Javier [...] los
[...] hasta aquí de servicio militar.

Nuestro estado público está medianamente en [...]
el nuevo Congreso general comienza [...] hoy, y el
Sr. [...] sirve la providencia interina en [...]
to del Sr. Sta. Anna o [...] no [...]
[...] de la magistratura por ley [...]
[...]

relaciones con los estrangeros siempre conforme a...
... ha decidido el arbitrage pendiente en...
... sobre nuestra desaucion con Francia de años...
... han condenado al pago de 3 millones de...
... ha de ser el resultado de toda cuestion...
... á las naciones fuertes Europeas...
... principios de equidad es el... buena... que
con el deseo...

Tambien se habla mucho de amaga...
... orgullosa Europa por la jurisdicion que...
... Santa Anna al menudeo que hacen los...
... en la Republica pero yo creo que...
... de... ciudades como lo de amenaza, quedara
... turco de Veja...

... Levantarán... informan á U. de mi
... situacion... medianamente sin capital, pero
con algun credito en el comercio. Uno de ...
... llevado en mi... á... paris pero no
hace... pensamiento porque faltan los elementos
... poder volver con la seguridad de... una
... independiente del gobierno... que
... suerte á... en ser empleado U. U. ...
... la vuelta en ese pais... aqui por...

2 4 5

... mientras la Providencia no disponga de ejecutar... la que ayuda por mi frente confian... fundo.

¡Amigo! tengo el alma afligida en... por la pérdida de un hermano mio... hondido a mi madre en Méjico, y... acompaño a esa distancia de mi...

La familia toda dirige a U. sus... afectuosas ... y le suplican muy ... a mi S<sup>a</sup> D<sup>a</sup> Pachita ... encomiendan nuestra ... la S... cialmente a mi querida familia y queda como siempre invariable amigo y S. Q. B. S. M.

Manuel C...

2446

$724.22    1844—Dec 31.    Consulate of the United States of
America Port of Monterey California
December 31. 1844

Thirty days after sight, this First of Exchange (Second
and Third of the Same tenor and date unpaid) Pay to John
Parrott U.S Consul Mazatlan, or order Seven hundred and
twenty four dollars and twenty two Cents (Value Received,
and charge the Same as Per advice to the Hospital
Expenses of this Consulate.                    Thomas O Larkin
                                                U S Consul

To the Hon. Secretary of        Accepted
State City of Washington    Pay to the order of _____
                         or _____ _____ Mazatlan  April 15. 1845    John Parrott
                                                        Consul
                         Pay to the order of D Thompson & _____
                                                    Pro Swington
                         Pay to the order of _____ Smith & Clark
                                                    D Thompson & _____

BE IT KNOWN, That, on the Nineteenth day of June
in the year eighteen hundred and forty-five I, THOMAS CORCORAN, NOTARY PUBLIC,
residing in Washington City, duly commissioned and sworn, at the request of the President and Directors of
the BANK OF THE METROPOLIS presented at the Bank of Washington
_____ of the disbursing Agent
the original _____ whereof the above is a true copy, and demanded acceptance thereof,
whereunto he answered "they will pay Seven hundred
and Seven dollars & Eighteen Cents but cannot
accept it"

THEREFORE, I, the said NOTARY, at the request aforesaid, have Protested, and by these pre-
sents do Solemnly Protest, against the Drawer _____ and Endorsers of the said Bill
and all others whom it may or doth concern, for all costs, exchange, re-exchange, charges, damages, and interest,
suffered and to be suffered for want of acceptance thereof.—Having, on the same day, deposited in the
Post Office, Washington, a NOTICE OF PROTEST to _____ each Endorser,
enclosed to them per _____ this New York City

IN TESTIMONY WHEREOF, I have hereunto set my
hand, and affixed my Notarial Seal of Office the day and year aforesaid.

                                        Ths Corcoran
                                        Notary Public.

PROTESTING $1 75.
Recorded, Book _____

247

Protest of Consular Draft
of Dec. 7th 1844 in Washington

Rec'd in Monterey, Feb 25 1846

e-B 34: 95

*1844 Dec. 30.*

S/C con José de Amesti

| Debe | | | Haber |
|---|---|---|---|
| | | **1847** | |
| 1½ — | Junio | P. 24 p$^s$ que Recibió de Madoc - - - - - | 24 — |
| 100 — | Julio 11 | P. 65 p$^s$ que Recibió de d.$^n$ Guillermo H. Albee - - | 65 — |
| 40 — | | P. 4 Cueros entregados por Teodoro Gonzales á 2 p$^s$ - | 8 — |
| 76 — | 12 | P. 2000 pies de Vigas y tablas que entregó Pedro Rodrig$^s$ | 60 — |
| 20 — | 14 | P. 34 Morillos con 1000 pies q$^e$ entregó Vicente Linares | 30 — |
| 40 — | 16 | P. 3000 pies de Madera q$^e$ llevó Pedro Rodriguez - | 90 — |
| 10 — | 23 | P. 1000 id. de — id. q$^e$ entregó Vicente Linares - - | 30 — |
| 25 — | 26 | P. 2314 pies de Madera de diferentes clases que en- | |
| 25 — | | trego Ysidro Salazar - - - - - - - - - | 69 6. |
| 50 — | | P. 2000 pies de Madera q$^e$ entregó Vicente Linares | 60 — |
| 114 — | **1848** | | |
| | Abril 15 | P. 1066 pies de Madera q$^e$ entregó Nicolas Galinda | 31 7. |
| 38 — | Junio 3 | P. 1400 y$^d$ de id q$^e$ entreg$^o$ Vicente Linares en- | |
| | | tre Morillos y Pilares - - - - - - - - | 42 — |
| 150 — | | P. 18 fanegas de Maiz - - à 6 p$^s$ - - - - | 108 — |
| n$^t$ 1672 — | Dic$^re$ | P. 2 Yuntas de Bueyes y 1 Carreta - - - - - | 150 — |
| | **1849** | | |
| | Julio 29 | P. 143 fanegas de frijol - - à 6 p$^s$ - - - - | 858 — |
| | | Son p$^s$ | 1.626 5. |
| | | | 758 |

249

*Sua età corrente*

original address of the senior member of
the Territorial Deputation of local. to his
fellow members, when he called them to look
after the protection of the country, threatened
by the Govt. Commd. of Gen. Micheltorena

96

Concuidadanos: Señores Diputados dignos
vocales de la Exma Asamblea Departamental:
los rumores de una guerra civil en el Departamento, el movimiento general de fuerzas ar-
madas, las desgracias sucedidas á causa de las
invaciones, y en fin el silencio que hasta
ahora ha habido para demostrar la necesidad
de tantas operaciones hostiles, ha podido en mí
considerarme obligado á buscar la reunion de
tan respetable cuerpo, y al efecto he convocado
como primer vocal, y os convoco, dignos compañeros mios, á que reunida la Asamblea,
busquemos el medio eficaz y seguro para
hallar la trautacion de tantas alarmas, y de
la infinidad de males de asolacion ó ruina
que parece consiguiente en la continuacion de
una lucha tal como la que se presenta.

Sabemos positivamente que el Exmo Sor Gobernador del Departamento, está en marcha
para estas poblaciones del sur, con el batallon que del interior trajo S. E. á sus ordenes, al que ha unido una fuerza de estrangeros catalores bajo las ordenes de Don Augusto Sutter sin conoerse el fin; así mismo
vemos que otra fuerza bajo las ordenes de
los Señores Don Juan B. Alvarado y Don
José Castro, ha invadido esta ciudad inti-

250

fando su objeto de la Defensa del pais. Tan tristas circunstancias hacen afligir y vacilar á los pueblos, les causa estragos considerables, Destruye la riqueza territorial y por consecuencia precisa Desmoralizaria el estado social. En tales conflictos, la Exma Asamblea que los representa, no Debe ser indiferente á la lamentacion pública; los aparatos todos manifiestan un trastorno general, un sin fin De padecimientos y acaso un resultado inconcebible. El Silencio de las operaciones indican misterios que agotan el pensamiento, empero, que se advierte la confucion De los ciudadanos por el mismo estado De confucion y reserva con que caminan las cosas.

76A

Para cooperar al bien estar De los pueblos, para la seguridad De su Gobierno, para buscar la paz y en fin para ver si se pue De conciliar el Dar termino á los tristes resultados De un rompimiento hostil, es el único objeto con que se convocado á la Exma Asamblea Departamental. Las circunstancias son Dificiles, ellas envolveran multitud De tuposiciones; mas asegurado De nuestro noble objeto, se convencera el mundo entero De lo mas recto

251

y puro de nuestra intencion

No se puede desear sinceramente el fin
de una cosa sin desear tambien los medios,
y es pues necesario renunciar todo temor que
nos pueda desviar del verdadero objeto. Los
razonamientos solidos y argumentos claros ha
rán la justificacion de nuestra conducta,
y todos los hombres que conozcan esta verdad fiarán en nuestro desvelo la seguridad
de su reposo.

Es una verdad que el propietario de una
porcion del suelo, tiene interes á que se
mantenga el orden, la tranquilidad publica y la paz, al mismo tiempo que debe
temer la anarquia, y desesperarle el estado de incertidumbre en que se encuentra
á la vista de los aparatos de las armas,
y de una manera tan confusa que pone
á duda la subsistencia de las garantias
sociales.

Si por nuestro medio, en representacion
de los pueblos, y cuyos derechos son invul-
nerables, llegamos á conseguir el bien
que nos proponemos en estas circunstancias, segun dejo ya indicado, pero con
la noble emulacion de hacer mas el
que mas pueda, los presentes y la

252

posteridad sabrá referir Menos de agradecimiento, que la felicidad de que gozará el Departamento, es fruto de nuestros esfuerzos, y de nuestra mas buena — Dedicación.

Pío Pico

Angeles. Enero 24 1846.

Impuesto de la nota de V. de
ayer en q. manifiesta su falta de recursos para seguir
socorriendo la tripulacion
del buque que es á su cargo y los sacrificios persona-
les q. ha hecho para ve-
rificarlo hasta hoy, le ma-
nifiesto en contestacion, q. de
todo daré cuenta al Supremo Gob.º con especial acla-
racion del estado de mice-
ria q. guarda el citado
buque para q. por ningun
motivo deje de remitir á
V. los auxilios pecuniarios
q. tanto necesita pª remediar esa necesidad; Aница-

254

do el sentimiento de no poder esta Comand.ª proporc-
ionarle por lo pronto al_
gun pequeño auxilio, pues
aunque la Sobra extra-
ordinaria trajo seis mil p.ˢ
de Mazarlan, esa suma
ha venido al E. S. Gral.
D.ⁿ Juan Alvarez para
objetos determinados con ante-
rioridad, y para cubrir
los pasivos q.ᵉ solicito S.E.
á efecto de emprender su
marcha con la Div.ⁿ p.ᵃ
la capital; mas aseguro
á V. q.ᵉ el Sob.ᵒ oirá esa
queja, y me tomaré el cargo de penetrarlo de ella
hasta conseguir el remedio.

77A

255.            Dios-

q.<sup></sup> Lib.<sup>d</sup> d.<sup></sup> Acapulco, Enero
15. de 1.845.

256

S.<sup>r</sup> Capitan d.la Golera
nacional California D.<sup>n</sup>
Juan B. R. Cooper.

Cap.tana de la California

Recibí del Sor D.n Juan ... la cantidad
de Seis pesos como importe del arrendamiento
de la casa que ocupa ... contigua a la
Aduana Marítima, que concluyó el 17. del corriente. Acapulco En.o 20. de 1845.

Son 6. p.s

María del Pilar Martínez
de Liquidano

2 5 7

CB 34 : 99

$ 815. —

$ 291. —

$ 22 2½

$ 1128 2½

Mi entrega al Capn. en su mano . . . . . . . . pr. 597. 3.
mi id. á la muger qe. lo asistio pa. gastos . . . „ 120. —
mi pagamto. á los que sacaron la arena . . . . . . „ 25. —
mi id. á Dominguez pr. cura del Capn. . . . . „ 55. —
mi id. por medicinas . . . . . . . . . . . „ 14. 3.
mi id. pa. comprar una colcha . . . . . . . . „ 6. —
mi id. al pulso . . . . . . . . . . . „ 10. —
mi id. á Juanillo . . . . . . . . . . „ 36. —
mi id. segun planilla del mes de Octubre (gasto de tiempo). 54. 7½
mi id. „ id. „ id. Noviembre . . . . 58. 2.
mi id. „ id. „ id. Diciembre . . . 123. 1.
mi id. „ id. 20 dias de Enero . . . „ 28. 2.

$ 1128 2½

Acapulco Enero 20 de 1845.

258

Este Iuzgado de 1.a Ins-
tancia en uso de las facultades q.e le son conferidas
y de acuerdo con el E. S.
Gobernador, ha tenido á
bien nombrar á V. Iuez
de policia por este año
siendo su comprencion
del sanjon q.e divide es-
ta poblacion para el W.
p.a q.e Vigile V. del buen
orden de dha. policia y
consulte á este Iuzga-
do las dudas q.e le ocurran

Lo q.e tengo el honor
de comunicar á V. para
su cumplim.to y creido de su
honradez y patriotismo desempeñará V. con exactitud
este encargo.
Dios

259

Libertad Monterey Enero 20 de 1845.

Marcelino Escobar

Jan 2

Messrs C. Brewer & Co.
Gentlemen —

Your letter by Captain Gudes off
under date Oahu Nov 27 1844. came to hand last
night. also an a/c current of Mr H. A. Pierce of Jan/44
and extract of his letter Nov 20/43

You observe you are tired of the
subject. have always been guided by the papers and
never by memory, that is also my case precisely I be
lieve I have three times sent you copies of the contract
or trade I made with your Partner in Santa Bar
bara January 12. 1842. the first went a simple copy
the 2d attested by Mr Stetson. the 3d by Messrs Spence
and others. (if I remember right) — to not one of the
these copies are you inclined to speak of in your
letters. and its only by them. that I am.

You say you are satisfied that I owe you so
much 1898.85. that I may pay as much as I choose
of the amt. Now I not only expect that you will besides
drop this claim (excepting 418.00 on a/c John Paty. which I
am told I have nothing to do with. yet as I had your commission) I shall settle it on Capt. Paty return if he will not
but that you will acknowledge that I never owed it. and
I was on the right side of the question from the begining
I never was more fortunate in affairs of the kind. than I
have been in this. in having the trade in Mr Pierce own
hand writing and signed by him. I remember that I
would do nothing with him at our last trade. unless
that it was in writing — So that even a "Deaf Man"
could understand it. for the reason —                    261

In Monterey Mr Peirce had some stores or provisions on board. which he could not land unless he paid the duties. Mr Spence would not purchase them at Mr P prices altho' low. he cause the officers plainly told him that the duties must be paid. the night before Mr P. made a land trip Noth, at my fire side. I put down such prices as I would give for Such & such articles. I paying such duties as must be paid &. told him to put his name on the paper if he liked it. and leave an order for the Mate to put them at high rate. the pay was expressed hides 2/. he signed the paper, gave the order. the goods were landed. and the hire sold as fast or as landed by me. how I paid the duties was no affair of Mr P. oo few days after his return. he told me he never took undutied hides. I answered I never sold any such other kind in my life. the next day he wanted me to pay for salting. or sell the hides at 1/4. I refused. he then wanted me to choose an arbitrator. and he would another he mentioning Messrs Spence & W. Thompson. as good men, I requested him to choose both, he spoke to them. they called and saw my written paper. tho' but a scratch or in pincel marks —

Mr Peirce next day asked me to send those hides down that I had ready. I did so. he nor any Arbitrators saying any thing farther to me on the subject — before he sailed. I asked him if he wanted to purchase a certain lot of Otter skins than known to be in Santa B. said No & gave his reasons I asked a passage down, saying in Santa B. I wanted to ship each draft or these skins to Mazatlan — as circumstances there would dictate — at S.B. we went ashore together. I not wishing to hurry the Otter trade. did not speak to Mr Burton. the more for six or eight hours. when I did not speak to him I find that during the day Mr P. broke his promise that they were his at such a price. should he want them — 262

for 1 or 2 days Mr P. & myself made a half matured two or three
trades. but the minds of one of us became changed as many times
at last the skins were offer'd to me at 12 at noon at such a
day unless otherwise disposed of. that day or morning Mr P.
traded & signed the paper I have. having tore up the first
he wrote — these papers are contained all our Santa ₚ
contracts. my part had been complied with.. I was so
carefull when I reed these two papers. that I requested Mr
Stetten to copy & witness them. these copies I brought to
Mont in the Durade. and gave the originals to Mr Thomas
Park. to bring some future day — for all these favors and
sins I am now double thankfull for —

Mr P. ac. current by no means agreed with his written
Contracts in my hands. as to his sporting the hides " 200 —
485 + 575 — why he done so is not my affair — why
he charged me 1½ p 75 on 575 hides is. he should not have
done so. at Mr Spence Warehouse I was in 8 or 9 months
to pay hides at 2½. to allow me 10 p/o for prompt pay'
ment and charging 12½ % for freight is rather strange
to me. he could sort his hides to suit his vessel when our
views. but not the written contract. tis true Mr P. did
"not charge me neither freight or com'" on my £300 p/
because he carried none for me. to carry on a profitable
speculation he borrowed my money. and agreed in May
atten to replace it — this I agreed on condition that he
would advance me 100 p/ more taken 500 hides on board
in Mont. freight paid to Oahu. for payment — he paid
my creditors cash goods & draft I know not which £
5300 p/ as he agreed to & eighty odd more. I sent the
hides — why you should hazard an idea that I should
pay freight for a loan of money I doubt a man.+ com too.
I understand less that the freight money —
263

of the $2842 =$ because I paid all he ask'me
too. he could have had the other 16 hides from Captn
Paty with the 165 hides had he wanted them. I supposed
he left them. not knowing at the moment. how much
he would owe Scott & W— the Sixty odd dollars in
Mazatlan & the 32// I paid when called. for to
Mr Spence

    Now Supposing - that you be
lieve. that the two instrument of writing that I hold
not to be false ones — I ask'd you in which
manner. I have neglected a single line ———
and what I have got to do with any a/c or ac
counts that Mr V. has made Since we parted
You say your view of the question will be mine. if I
was disposed to look at the a/c faithly. what must
you be disposed to think of my two tratts. in Mr
P= own hand writing (that is if you yet believe he over
wrote them) — if you look at them fairly or in any
manner.

    I also am tired of this vexed question
and care not. whether I, or another lode a 100// in
Settlement — but do not like to be tattered out of what ap
pears to fairy plain to my eyes — for which is the best in
the eyes of another Mr P. a/c. that I knew nothing about
or these two writings in my Case that he did know —

Sor. Juan X. Cooper.

Acapulco Enero 26 de 1845.

Mi estimado amigo: Suplico á V. qe á la llegada
á Monterey de California alta se sirva recojer del
Sor. Fallades, la suma de veinte pesos, que me es
Deudor á cuyo efecto ya le escribo al expresado Sor.
Pr. que se los entregue, formando el abono corres—
pondiente de hallarse en su poder la relacionada
suma.

Si Pr. una cuenta el Sr. Fallades, no quisiere
satisfacer una cosa como la presente que debia ha—
berla pagado hace mas de dos años, sede merced de
la actividad de V. lo demande Judicialmente
requiriendole la satisfaccion de la cuenta; á cuyo
efecto le doy Pr. la presente el poder bastante
Pr. Vr. en representacion de mi persona dros. y
acciones, en juicio á dho Sr. Fallades, siem—
pre que haga denegacion al pago; prostestando
como protesto estar y pasar Pr. cuanto V. di—

Quedo De V. Sa afectísimo S.S. q B S M.

Francisco Lomes

Sor Juan B. R. Cisper.

1845. Jan 28.

El Ciudadano Pio Pico primer Vocal de la Exma. Asamblea Departamental y Presidente accidental de la misma; á los habitantes del Departamento Salud: Que la Exma. Asamblea Departamental en sesion extraordinaria de hoy á acordado lo siguiente.

103

Que siendo una de las principales atribuciones de dicha Exma. Corporacion, ver por la tranquilidad publica y seguridad de sus pueblos, que á la vez há observado en una alarma general se há visto obligada á reunirse y abrir sus sesiones en esta Capital, con el fin de imponerse de las causas que há ocacionado esta alteracion y tomar las providencias que sean de su resorte de restablecimiento de la paz, haciendolo asi á los referidos pueblos, por el presente decreto, pª. su conocimiento y demas fines.

Y para que llegue á noticia de todos, lo comunico á ...

268

a que haciendolo publicar con las
solemnidades de bando en esa poblacion
y su comprension, sea fijado en los
parajes de costumbre.

Dios y Libertad Ciudad de
los Angeles Febrero 28 de 1845.

Pio Pico
(Presid.te)

Agustin Olvera
(Secretario) 10.3 A.

Muy Ilustre Ayuntamiento de Monterey.

269

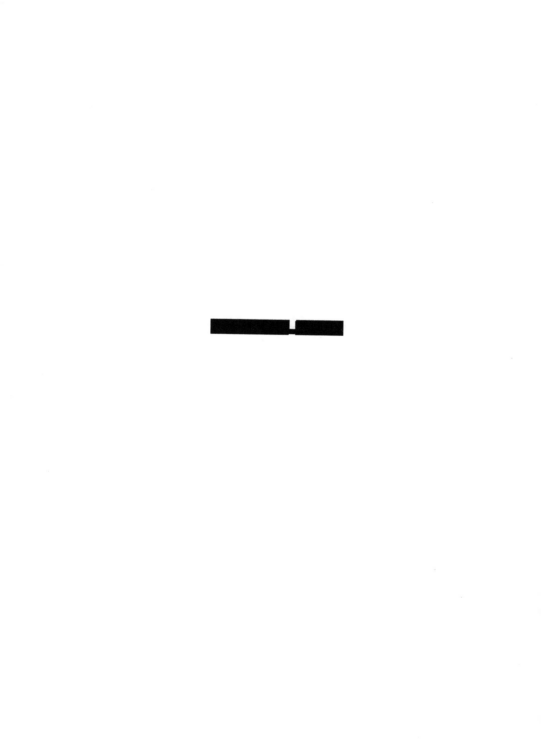

El Exmo. Sr. Ministro de
Guerra y Marina en carta
oficial de 29 del pasado
me dice lo siguiente.

"Al E. S. Ministro de
Hacienda he trasladado hoy
la nota de V. de 21 del
actual referente a las esca-
seces que sufre la Goleta
California a fin de que
de orn. del E. S. Presi-
dente interino facilite
la cantidad necesaria p.ª
q. otro buque pueda darse
a la vela p.ª Mazatlan
con objeto de carenarse
y quede listo p.ª emplear-
se en el servicio q. pres-
ta. = Lo q. digo a V.

270

en comunicacion: &

Y lo inserto á V. como
Resultado de Su comuni-
cacion relativa de M. del
mes ppdo.

Dios y Lib.d Arapeo
Feb.o 3. d 1.845.

104 A

La Comisión Departamental ajustará y pagará al C. S. Manuel Ortega Quince Pesos en fue que ha tomado pa la expedición de mi mando. Dos Pueblos Febrero 4 de 1845.

M. Michele

272

Paga a Daniel Hill Oaswoorden

José Manuel Ortega

273

Sr. D. Juan Cooper                    106

Mejico Febrero 8/845.

Mi estimado amigo!

Despues de mil trabajos he conseguido la orden p.ª q.e V. salga
de ese puerto al de Mazatlan, temo recibirá nuevas, y quinientos pesos q.e remito á V. con D. E. E. Cisneros, q.e sale de
esta el lunes. Me ha sido imposible conseguir libranza
p.ª esta cuenta he suplicado al S.r Fernand Llon á V. el
dinero.

Remití la carta de V. á Fuller, pues no debe
pasar de Mazatlan p.r orden del Gob.º; en consecuencia V.
lo encontrará todavia en aquel puerto, y quien sabe
si tambien á su amo q. b. s. m.

                                   M. Castañares

Nueva q.e llegue D. Enrique debe V.
......................... todos los remitidos

MEXICO

Acapulco

Al Cap.n de la Goleta California

D. Juan Cooper

Mexico Feb.º 11. de 1845

Mí apreciable amigo:

El Sr. D. Enrique Wilmont le lleba á V. 2000
y hemos conseguido del Gob.no p.ª q. salga con la goleta á
Mazatlan á componerla y esperar allí la Expedicion: no puede
de V. figurarse lo q. me alegro q. al fin salga de ese mal-
dito Puerto porq. al menos en Mazatlan tendra mas recursos.

Omito hacerle relacion de mí malograda expedicion por-
q. al saber la caida de Santa Anna, se le supone q.
me fué mal; sin embargo, de todo, no me arrepiento de
haberlo hecho porq. todo el mundo sabe q. mí objeto
fue seguir á un hombre q. tenia el poder de la Republica y q. si hubiera querido habria mandado recursos
p.ª Californias cuyo noble fín me tiene hasta hoy
atareado en este Mexico, separado de lo q. es mas
caro á mí corazon, con el triste pensamiento de no
saber hasta cuando permitira el Cielo q. vuelva
á ver á unos objetos tan queridos de mí al-

ultima y mas Sagrada q.e es la reputacion.

Tal es mi triste situacion amigo mio. No tengo un momento de quieto, ni aun respirais pues con facilidad; ya se ve, tales son las amargas reflexiones á q.e de continuo estoy entregado, al considerar; q.e hace diez meses q.e estoy pidiendo una misma cosa todos los dias y no he podido conseguir casi ni que se me oiga? Que al cabo de este tiempo ha sucedido en California lo mismo q.e Castañares y yo anunciamos por escrito y de palabra, q.e el pobre y desgraciado Gral. Micheltorena se halla en una horrible situacion, y q.e el mismo, creerá q.e ha sido culpa mia, lo q.e solo ha sido abandono y criminalidad del Gob.no Que sin embargo de saber á fondo el Gob.no actual el estado y tendencias de la revolucion presente en Californias, esta obrando con una apatía y pereza increibles, de modo q.e cuando se quiera hacer efectiva una Expedicion ya no será tiempo puesto q.e el Gral. con toda la Expedicion debe salir de Californias en el perentorio termino de dos meses contados desde Dic.e ultimo.

El Sr. Castañares en

nada.

Por lo q. respecta á mi salida de esta Capital, y vuelta á Californias con la goleta, debe V.
suponer q. si el Gob.no no manda nuevas fuerzas no se puede verificar sin exponerme á q.
le amarraren los hijos del país q. sabe V.
el odio q. profesan á los Mejicanos: ademas
q. estoy seguro q. el Gob.no no dará la orden
p.a q. volvamos ahora sin ningun apoyo de
fuerzas. Considere V. pues cuando será esto: pero al menos me consuela q. sale V. de aqui
infiernos y va á adonde tendrá mas recursos.

Estoy haciendo todo empeño p.a conseguir la
orden p.a volver á Mazatlan pues creo q. allí
me boy á encontrar con el Gral, pues me
interesa mucho verme con él; si V. lo viera

dinero y. le he dado pa. el buque

El Sr. Moreno tiene ya la orden pa. dejar salir el buque, y á Mazatlan ha ido tambien pa. y. se le ministren recursos pa. su compostura.

En Mazatlan dele V. un abrazo de mi parte á Felices, á Mesía y á mi Padre, y deseando-
le á V. un feliz viaje se despide de V. afmo.
amo. y. seguro q. b. s. m.

107C            José. Ma. Flores

279

C-B 34 ; 108

Sr. D. Juan Cooper.

Mexico Feb.º 12 1845.

Muy Sr. mio

Ayer ha salido su una criada p.ª su puesto el equipaje del
Sr. Simeon y en el remite a V. quinientos pesos, fuera y...
la orden p.ª q.ª el Comand.te militar le franquee la salida.

Queda anunciando otras orden p.ª q.ª en Mazatlan
se faciliten a V. los recursos convenientes a su viaje p.ª California;
le debo le aconsejo como amigo, no vuelva a salir, pues si de
una escapa V. no se muera en otra. Yo estoy arrepentido a...
haber venido a un puesto lleno de compromisos y sin fruto al=
guno, reducido a vivir de la providencia, y lo q.ª es mas lle=
nandome de enemigos p.ª haber sostenido energicam.te los derechos
de aquel desgraciado pais dignos de una suerte... a
los q.ª se le han condenado.

Luego q.ª llegue V. a Mazatlan escriba a su amigo
q.mo q.ª b. s. m.

M. Castañares

Acapulco

A D. B. Juan Cooper
Capitan de la Goleta California

1848 Feby 12 –
Manuel Castro

Ministerio de Gra y Marina= Secion 3ª= Al Exmo Sor.
Ministro de Hacienda digo lo que sigue
" Exmo Sor= El Exmo Sor. Presidente interino
há tenido por conbeniente disponer que libre N.E.
las ordenes nesesarias para que luego que llegue
á Mazatlan, la Goleta California, que ya ha
de haber salido de Acapulco, se le ministre
la cantidad muy presisa para que repare las
haberias que tiene en su casco y aparejo, previa
el presupuesto que formará el Capitan del Buque, y que será revisado por aquel Sor Comandante de marina = Y de la misma Suprema
Orden tengo el honor de comunicarlo á V.E. para
los fines indicados." Lo inserto á V. para su
concocimiento y efectos prevenidos= Dios y Libertad Mejico Febrero 21 de 1845= Garcia Conde
= Sor Comandante Gral del Departamento de
Marina del Sur = Mazatlan = Es copia
sacada del original.

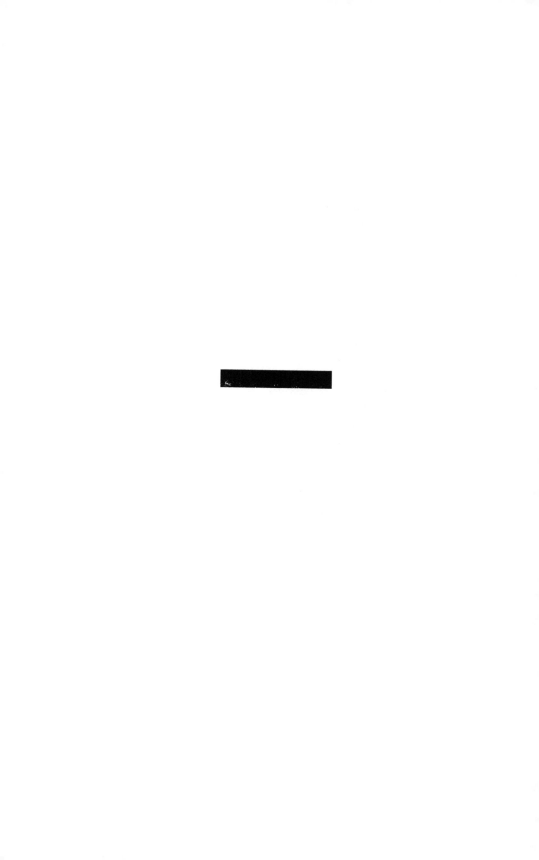

1845 = Feb. 23.

Nacimiento de
José Rafael Seferi
no Gonzalez Ro
bledillo y San
chez.

Digo Yo. el mencionado en el margen,
segun mi fe de Bautismo. y loque mis
Padres ablavan conmigo cuando tuve
uzo de razon, quenací en Mejico en
la caye de Quezadas. en el Año. 1790. —
dia veinte i seis de Agosto, entre una y
dos de la Mañana. Yi que antes de nacer
llove tres ocaciones en el viéntre de mi
Madre; fui vautizado en la antigua —
Parroquia de Sn Pablo. fueron mis pa
drinos el Señor Dn: José Eligio Delgadillo —
Maestro arquitepto. y Su Señora.

Padres de José
Rafael Seferino

Mis padres fueron, fueron —
el Señor Dn: Dinicio Gonzalez y Robledillo
mi Madre Dña: Maria Loreto Sanchez —
mis aguelos paternos. Dn Luis Gonzalez Go
vernador de Veracruz. y la Señora Dn: Roza
Robledillo naturales de Castilla la vie
ja, mis abuelos maternos Dn: José San
ches el grande y Dña: felipa Gil Agui
rre prieto y Ríos.

Casamiento

Me case en Mejico a la edad de diez i ocho
Años con Dña: Maria del Carmen Siera y
Rapado hija de Dn: Juan Manuel Si
era y Rapado. y de Dña: Luz Cavallero
Rey y Farrido. en la Parroquia de Sn Mi
guel Arcanjel. dia 19 de Diciembre de 1808

El 26 de Julio de 1832., Zali de la Capital en union de mies poza Maria del Carmelo. y en Atlapozalco isimos noche pa despedirnos denuestros hijos.

Miercoles 27 zalimos para Gueguetoca, ai isimos noche.

Jueves 28 Zalimos para San antonio dela Calera alli isimos noche y Cansie un lasaº

Biennes 29 zalimos para Arroyo Zarco, y pazamos asta el rancho de pachuquilla.

Zabado 30 Salimos para San Juan delario

Domingo 1º de Julio Zali mos para elcolorado.

Lunes 2 Salimos para quereta ro llegamos alas 8 dela mañana.

Martes 3 zalimos para Selaia

Miercoles 4 zalimos para Za lamanca

Jueves 5 zalimos para la puer ta de S. Juan almorzamos en Irapuato y seguimos asta la Cofra dia de Marason, no pudimos llegar alas chascas por to mui ane gadas.

Viernes 6 zalimos asta la hacienda de frias aonde isimo 1 noche.

Sabado 7 zalimos para el
284

laus de la sigal ynos pazamos asta un rancho.

Domingo 8 zalimos para Lexo gordo.

Lunes 9 zalimos para los ranchos de Tierra Colorada. y dor mimos en los padrones.

Martes dies zalimos pa el pu ente de Calderon y nos pazamos as ta el puente de Zan Antonio.

Miercoles onse Salimos pa Guadalajara aonde llegamos á las 8 dela Mañana deslanzamos aquel dia y el Jueves 12.

Viernes 13 zalimos para Amatitan de los ladrones alli nos quedamos.

Sabado 14 zalimos de dicho punto y almorza mos en Tequila. y fuimos á dormir ala madalena

Domingo 15 Salimos pa ra el Plan de arrancas y alli dormimos.

Lunes 16 Salimos para agualcatlan aonde pazamo la noche

Martes 17 para Sta Ysavel y pazamos asta la Cofradia aonde pazamos la noche.

Miercoles 18 Salimos pa ra S. Lionel y nos pazamos asta S. Calletano.

Jueves 19 salimos para tepi
t que hai dos leguas ayi perma
necimos asta el dies de Agosto
que zalimos para S.^n Blas y dor
mimos en amecatan.

El dia 11 por la perdida de
una mula no pudimos zalir
—. El 12 seguimos el camino pa
za S.^n Blas aonde llegamos a las
doze del dia, el 13 descansamos.

El 14 nosenbarcamos á
las tres de la Farde en el Vergan
tin Catalina, a las nueve de la
Noche nos dimos a la vela.

El 15 a las ocho y 3 minu
tos de la noche Catto un rrallo
y dividio el gato mallor en tr
es pedazos, ayandose mi esposa
za zobre Cuvierta la arroyo
a eya i al padre Martines as
ta la Camara, mi señora que
do sana, y el Padre Martines
se volvio loco.

El 18 llegamos á Mazatla
aode permanecimos asta el 24
que zalimos para el Cavo de
S.^n Lucas. y el 26 tuvimos
una borrasca aonde Creimos
pereser.

El 29 Como a la muerte de

una no Cuito 33 mil p.^s que
llevabamos para el socoro de el
se yevio el vergantin y queda
mos tirados en el Cavo aonde
permanecimos 4 dias de ai za
limos para el rancho de Pedri
aonde permanecimos asta el 5
de setienbre.

El dies zalimos para la Paz
y aviendo llegado á el pueblo
S.^n tiago permanecimos en el
un mes asta el 15. de S.^te que za
limos para la paz aonde perma
necimos asta el 13 de Dicienbre
en que el mismo Catalina nos
vino a viscar a la Paz.

Al mismo 13. a las nueve a
la noche nos dimos a la vela el
14 a las 3 de la tarde llegamos
á Mazatla aonde estuvi
os el 14. el 15. y el 16.

El 17 nos dimos a la vela
y teniendo un felis viaje lle
gamos á Monterrey el 15.
de Enero de 1833

José Rafael Gonzalez

111/

C-B 34 : 112

## 112

Monterrey Octubre 19 de 1842.

Entrada del Navio E.U. | Alastres dela tarde dieronfondo enesta Baia
y lafragata zallant | elnavio estandarte Estados Unidos, y la fragata
| Zallanta,

Nombres delos coman. | Elcomandante del Navio Mr. Tomas Omili
| ore, elcomandante delafragata Mr. Mesi.
| Alascuatro delamisma Tarde hinti-
Intimacion para re | mó la rendicion dela Plaza ciendo Gobernador
ndir laPlaza | Dr. Juan Bautista Albarado, toda lanoche es
| tuvieron enparlamento.

Rendicion dela Pla | Laplaza fue entregada aeldiodia 20 de
za, | Octubre á lasonse delamañana, y alostres lucs
| tos pasalasdose fuearriado el Pabellon Mexica
| no y ------- la costa --------.

Izada del Pabellon | Losinbazores pucieron una asta pros
americano y zalude | cional y izaron elpabellon delos Estados Uni
| dos, alasdose dela Mañana y antos Mires Za
| budaron el Pabellon Con Ciento iun cañonaze.

Abandono dela Plaza | Alos, Dos arriaron el Pabellon americano y jaba
por los americanos, | ndonaron laplaza porloque bolvimos á izar nuestro
| pabellon.

Benida del General. | Endiciembre de 1842, selegficio desde losAngeles
Sr. Manuel Michil | ael Sor Albarado, lallegada del Sor Jeneral Sr.
torena, | Manuel Michiltorena: luego dispuzo el Sor Alba
| rado, que delseno dela Ayuntacion departamental, fuese
| una Comicion á entregar elmando, para form
| ar laComicion; fue nombrado como primer bocal
| el Sor Dr. Manuel Ximeno Cazarin, segundo.
| Sr. José Rafael Gonzalez de Bobladilla, y el Sor
| Senor Fernandes secretario. dela Junta departa
| mental, laComicion fue enbarcada enel

Puerto de Monterrey, llego a los Angeles á fin
de Diciembre del mismo 42. allí se unió a la comisión
el Señor Dr. José Antonio Carrillo. vocal de la misma
Junta Departamental, y Sr. Jacinto Rodriguez.

Entrega del mando
del Sor Michilte.                        El primero de Enero de 1843. se le entregó
el mando, enlazada del Sor Carrillo. y desde ese dia
quedo mandando en propiedad, y con facultades extra-
ordinarias. en lo civil, y militar el Departamento de la
alta California. dicho Sor General Michiltorena.

Rebolucion en esta
interrey. 1º.          La Rebolucion contra el General Michiltorena se ha armado desde su llegada á los Angeles,
le fue dado aviso por que suscribe. y otros muchos sugetos. á ninguno dio credito. dejo corri
las cosas asta el 15. de Noviembre de 1844. en

113

He recibido del Sr. D. Juan B. Cooper, capitan de la goleta nac.l la California, el importe de Quinze pesos por flete y escolta de Quinientos pesos en pueltas, q.e trajo de Mejico a este puerto, para el mencionado Sr. capitan Cooper, y me fueron entregados por los Sres Ministros de la Tesoreria General para este fin. —

Acapulco 24 feb.o de 1845

José Vienond

Son 15 pesos —

288

1845 Mr H. Briggs
freight bill from 113A
Mexico

1845—
Don Meguel Guia
order from Mexico

1845 – Feb. 26.
Capitania del
Pto. de Acap.

114

El C. S...
ra y marin...
de 10 del
lo siguiente
,, El
tanido abu...
of. el Cap...
California
enumerario
para darse
Mazatlán,
su salida
cuando ve...
ficarla. S...

Y lo tra...
su conocimie...
de of. proce...
sigue, y lo
me lo avis...

289

290 —

Phaleus. of the Caire. 91

1845 – Feb. 28. _____ in good Order and well conditioned by Gener Buenaga ____ in and upon the good Ship called "California" ____ whereof is Master for this present Voyage Juan B. Hooper ____ and now riding at Anchor in the ____ n Acapulco ____ and bound for el de Marallan:

115

9 Nueve barriles aguardiente
8 Ocho ambures vino Jerez
30 treinta damajuanas anisado

being marked and numbered as in the Margin and are to be delivered in the like good Order and well conditioned at the aforesaid port of Marallan ____ (the Act of God, the King's Enemies Fire, all and every other Dangers, and Accidents of the Seas Rivers, and navigation, of whatever nature or kind soever excepted, save risk of Boats, so far as Ships are built thereto) unto the Order of the Shipper a los Sñrs Aguirremy y Gomer ____ or to his assigns ____ Freight for the said Goods being pay... sesenta pesos, desrontandome cuarenta y siete pesos que he tomado aqui ____ with Primage and Average accustomed whereof the Master or Purser of the said Ship hath affirmed to two Bills of lading all of this tenor the one of which this bills being accomplished the other to stand void.
Dated in Acapulco 28 febrero 1845. ____
Contents unknown to.

flete _____ $ 60 –
astando _____ 47 –
Resto $ 13 –

291

s efectos perteneciente al cargamento
breenteur, hoy 28 de Febrero, de 1845.

| | | | | |
|---|---|---|---|---|
| — — — cada uno | 430 | „ | 2580 | „ |
| as de seda torcida „ „ | 62 | „ | 2232 | „ |
| — „ hilo — „ „ | 55 | „ | 330 | „ |
| — „ seda — „ „ | 25 | „ | 350 | „ |
| de blonda (legitima) „ „ | 60 | „ | 240 | „ |
| „ chale — en | 40 | „ | 40 | „ |
| „ tunica de chaly en | 40 | „ | 40 | „ |
| „ peines de concha, á docena | 18 | „ | 67 | 4 |
| s „ papel p.ᵃ dibujar, cᵈa uno | „ | 6 | | |
| „ pinturas principales, id | „ | 6 | 219 | „ |
| „ botones de seda, de capote @ | 8 | „ | 72 | „ |
| „ aigalia botones — @ | 4 | „ | 72 | „ |
| „ filigrane id — en | „ | „ | 5 | „ |
| „ asortados id — @ | 3 | „ | 13 | 4 |
| „ chaleco — id @ | 3 | „ | 45 | „ |
| „ comun — id @ | 4 | „ | 348 | „ |
| „ id — id de capote @ | 4 | 4 | 9 | „ |
| „ seda — id — id @ | „ | 3 | 30 | 6 |
| „ dorado fino id id @ | 4 | 4 | 58 | 4 |
| „ id — id grande id @ | 6 | „ | 30 | „ |
| „ dorado de plata (aigalia) id @ | 72 | „ | 216 | „ |
| „ — id de bala — id @ | 4 | 6 | 146 | 2 |
| s flebos — @ | 35 | „ | 70 | „ |
| — en | „ | „ | 15 | „ 274 |
| de botones de oro p.ᵃ camisas @ | 5 | „ | 125 | „ |
| de oro — en | „ | „ | 55 | „ |
| aretas de oro — en | | | 25 | „ |
| s (chicos) — @ | 1 | 2 | 13 | 6 |
| de valloria de amber — @ | 15 | „ | 135 | „ |
| ma á la buelta — — | | | $ 7638 | 2 |
| 292 | | | | |

Cuenta Cont

Suma de la buelta —
9 Docenas de cajoncitos de a
42 Id „ „
3 cajoncitos „ anillos —
2 Doc.ᵃ y 8 „ aretas de mir
4 Id. cajoncitos (comun) á
12 Id. pares botones de corn
    cadenas
8½ Id. de aretas con alfiler
46 Id. cadenas con cruses
55 Alfileres de pecho con ca
38 Cadenas p.ᵃ la frente
4 Toquillos —
5 Hilos de avalorios negro
½ Doc.ᵃ perlas falsas —
5 Broches de Capas
5 Toquillos de piedra blan
38 Cigarreros
2¼ Gruesos de Ornamentos
9 Broches p.ᵃ Sables —
1½ Doc.ᵃ bragueros, comun
½ Id. id — fino
2 Anteojos —
10 Gruesos de hebillas —
14 Doc.ᵃ peines de marfil
10 Flautas — — —
5 Gruesos crayon pencils
½ Id. de Mangos por id —
1 Doc.ᵃ Maquinas de bas
330 Cartillos —
57 Catecismos
    Suma á la buell
    293

Cuenta continuado

| | | | | |
|---|---|---|---|---|
| Suma de la Buelta | | | 9207 | 4 |
| 8 Grueso de plumas de asero | @ | 6 " | 48 | " |
| 1 Prueba de Licor | en | " " | 2 | " |
| 1 Fueza de perfumaria | en | " " | 4 | 4 |
| 24 Sombreros de muchachos | @ | 6 4 | 156 | " |
| | | | $9418 | 0 |
| | | | 1000 | 0 |
| | | | $8418 | 0 |
| | | | 116 | A |

De dril castanares order paid March 5th

294

C-B 34 : 117

1845. March 1.°

117

DIGO yo D. _Juan B R Cooper_ _____ Maestre
de _la Goleta nacional California_ _____ que se halla
anclado en este puerto de _Acapulco_ _____ prócsimo á emprender viage para el de _Mazat-_
_lan_ _____ que he recibido á bordo bajo partida de registro y con la marca y números del margen de _Don Enrique T. Timond de Mty consacin_ _____

L C ^453. 13 _Cajones varios efectos_ _____
C A R ½. 2 _id id_ _____
⅛m .... 12 _id. Tabaco_ _____
2 _id. Nay_ _____

de que me doy por entregada á mi entera satisfaccion y en los mismos términos, llegado á salvamento con dicho Buque
me obligo á hacerlo en el citado puerto ~~a~~ _a los Señores_
_J. de la Vose Vechu y Ca_ _____
quien verificada mi fiel entrega me ha de satisfacer por flete y conduccion _Pagado._

cuyo debido cumplimiento obligo mi persona y bienes, señaladamente el espresado Buque, fletes, aparejos y lo mejor parado de él, segun práctica y lei de comercio, firmando — _tres_ _____ de este tenor cum-
plido el uno los demas no valgan

_Los espresados bultos los he de poner en la lancha_
_al costado del buque_ _Acapulco Marzo 1 de '845_

_Juan B R Cooper_

L C ^453. 13 _Cajones_ ⅂ _varios efs_
C A R ½. 2 _Cd._ ⅂
⅛m 12 C. _Tabaco_
2 _d de Naypes._

_Son 29 Cajones en todo_

295

C-B 34 : 118

1845 - March 5.

Sr. Alcalde de San Francisco &

Jorge Pina. Cabo de Artilleria Permanente y destacado en el Puerto
de San Francisco, hase el tiempo de
veinte y siete años, con todo respeto y
subordinacion, se presenta, y dise:
Que en el año de mil ochocientos
cuarenta y cuatro; amediados del;
elevé una instancia alas superiores
manos del Gobierno Departamental
de esté, afin de que se le consedier
el parraje nombrado delos Lobos, segun
que en muchos años siempre se villa
baldio, mas como las ocurrensias ho-
rijinadas en el Departamento, noham
dado lugara á essaminar este ne-
bocio previsado, hocurrio por medio
de este suplicatorio, afin de que V.
se digne dar el informe correspondiente silo hallase por Justo de que
si este terreno esta cultivado o baldio.

Dho. terreno que procuro no tiene
en su estension como consta un
lugara de siembra, todo lo mas
chamisal, pero se agrega quema
certo bienes de ganado mayor
que tengo en el se hallan aque-
rensiados, muchos años, mas hay

segun se otros pretendientes despues de mis que solisitan este terreno, yo me allo en la honrra carrera delas armas, lo que me imposibilitan el que en caso que otro ocupe este terreno, y sele conseda terreno honde colocar mis bienes.

El terreno que solisito corresponde; de N.º á S.º desde la mesa del Castillo hasta Punta de Lobo, y de N. á Este delas pillas dela brecana del Puerto de San Mari.º ó el serro del Debisadero linea recta ala cuchilla delas lomas y caidas al Presidio.———

La instansia dirijida como llevo dicho fue elebada alas superiores manos del Gobierno por el conducho de mi comandante D. Mariano Silva quien me aseguro quedava en poder del Sr. Secretario del Despacho de este Gobierno.—— Portanto—— A V. rendidamente suplico, se digne prover amio fabor sie hase lo hallase por Justo, y combiniente de culla mersed bivire reconosido sirbiendose admitirme esta en

247

papel comun por no haber del sello que corresponde.—— San Francisco

papel comun por no haber del
sello que corresponde.= San Francisco
Marzo 15. de 1845.= Joaqn Piña =
Juzgado 1.o de San Franco N Asis=
= El paraje de que hace mencion
en la presente instancia, esta en
efecto baldio, y no pertenece á
propiedad particular ninguna
ni á los procomunes de su Pueblo, y no
habiendo inconviniente alguno para este Juzgado, podra poseerle
el interesado mediante la conce-
sion, por el Superior Gobierno.
= Juan N. Padilla =

298

1845 – Dec 28.

Exmo. Sor Gobernador.= Joaquin
Piña, cabo de artillería permanente. y
destacado en el puerto de San Francisco
hace el tiempo de veinte y siete años que
voluntariamente bine de ausiliar á
este departamento; ante V.E con la
devida subordinacion y en mejor forma
de derecho me presento y digo; Que
en el año de Mil Ocho Cientos Cuarenta
y cuatro, a mediados del, por conducto
de mi comandante, Don Mariano
Silba, sube á las superiores manos
del Exmo. Sor. Comandante Gral D.n
Manuel Michiltorena, una instancia
dirijida con el objeto de solicitar el
paraje nombrado de los Lobos lugar
baldido en el punto de San Fran.co
Mas por las nobedades hocurridas
ignoro si se habran estrabiado mis
documentos, mas mirando q/ahora
gosamos de tranquilidad me beo
presisado a elevar este suplicatorio
á manos de V.E. afin de que si hallase por combiniente mi pretencion se
digne favorecerme, hallegandose á la
concideracion si me fuse de algun
merito que desde el primero de Noviembre de Mil Ocho Cientos y Ocho, me

299

hallo eclabituado en la hermosa carrera de las armas, y esto me á
motibado no haber pretendido con
tiempo un terreno donde poder colocar los cortos bienes de ganado
que tengo.——————————

E.S. El paraje que solicito
constara de circulo un citio de ganado mayor poco mas ó menos, que
linderos corresponden de N á S.
desde la mesa de Castillo á punta
de los Lovos y de W. a E de las
playas de la bocana del Puerto
á el cerro del devisadero, corrien-
do la linea á la cuchilla de las
Lomas que quedan á las caidas
del Presidio de San Fran.co El cor-
to ganado que tengo, muchos años
á q.e se halla aguerenciado en
este terreno, Mas como se que á
hora despues que yo tengo Solicita-
do este citio, hay hotros S.S. que lo
procuran, Me beo en el caso de
haser este nuevo reclamo p.r que
me concidero que apoderandose
hotro del, quedo absolutamente
desgraciado yo y mi familia pues

300

no encuentro recursos donde sacar
mil intereses y llebarlos á colocar,
y mucho menos como me hallo sir-
biendo esta carrera de las armas
= Por tanto = A V.E. Rendidamente
suplico se digne por un efecto de
subenigno Corazon acceder á mi
solicitud de Culla merced y gracia
vivire reconocido = S.n Fran.co 29 de
Agosto de 1845 = Joaq.n Piña = Por no
haber papel sellado bine en comun =
= Sello = Anpelie Octubre 14 de 1845 =
Pase al Señor Prefecto del Districto
de Montery a fin de que le parecan
nicesarios, informe si el terreno que
se pretende puede conceduse sin
perjuicio de los términos ó yidos
que deven señalarse á la poblacion
de la Yerba Buena y todo lo demas
que contribuya á ilustrar la materia
en seguida y con el diseño respec-
tivo del terreno que se pretende
vuelva al Gobierno para resolver
lo combeniente = Pico = Sor
Gobernador = El paraje nombrado
punta de los Lovos que D.n Joaquin
Piña Solicita en este Expediente en
estincion de un sitio de ganado

301

mayor en la jurisdicción de San
Francisco se halla distante mas
de una legua del punto de Yerba
buena y si el superior Gobierno
del departamento le concediese al
pretendiente dicho sitio en concepto
de esta prefactura no se perjudi-
caría á la poblacion de Yerba
Buena ni aun en el caso que á
esta se le señalasen ejidos coma
benementemente,= por esta razon y por tener ocupado el mismo terreno el espresado Don Prío
la prefactura de mi cargo cree
de justicia que V.E. de preferencia
a cualesquiera otro individuo de
concederle dicho terreno de la
punta de los Lobos pues el pretendiente por estar en posesion de
el y por los servicios que ha pres
tádo á la nacion, manteniendo
siempre buena conducta, es acre
dor a que V.E. le conceda la pequeña gracia que pide, para poder
subsistir y favorecer á su familia
todo lo que tengo el honor de infor
mar a V.E. incluyendo á la vez
diseño presentado por el interesado=

302

conforme lo prevenido por V.E. por
el decreto del 14 del corriente que obra
en este expediente para que en vista
de todo V.E. se digne resolver lo que
le pareciere de justicia = Yerbabuena
Nobe 22 de 1845 = Manuel Castro =
= Vista = Esta solicitud los in-
formes practicados con todo lo
demas que se tuvo presente con-
sedo en propiedad al Ciudadano
Joaquin Piña el paraje nombrado Punta de los Lovos en esten-
cion de un Citio de ganado mayor
como se espresa en este Expediente.
Asi Yo Pio Pico Gobernador del
Departamento de California lo de-
creté mandé y firmé en los Angeles
a 28 de Dicumbre de 1845 = Pico

Copia del
Expediente Ori-
ginal.

Sonoma Mzo. 8 de 1845.    119

Querido hermano

    La just.ᵃ siempre brilla, por que es una siempre. — La causa de los pueblos del pais prepondera ó. — Nuestro precio. — La paz interior creo q.° esta asegurada. — Los convenios del Campo de Caguenga, elevan á Gob.ᵒʳ del Departam.ᵗᵒ á D. Pio Pico, y á la Comandancia G.ˡ á D. José Castro. — Tales resultados son llamados fausto, y debemos S. ellos contentos. — Roguemos S. al legislador Supremo del Universo q.° los alumbre, que los de el tino neces.ᵒ p.ᵃ q.° rijan bien al pais y que jamas la libert.ᵈ manche un procedimientoS. que la union reyne entre todos los habitanteS. y q.° la invidia y la ambicion no tenga acceso, en ninguna perso-

304

na, y q.' rey no una par Octaviana.

He estado muchos dias en cama por unos
dolores reumaticos, y parece que algo me
alivio ya.

Te saluda con todo el afecto de
un herm.º querido

M.G. Vallejo

1197

305

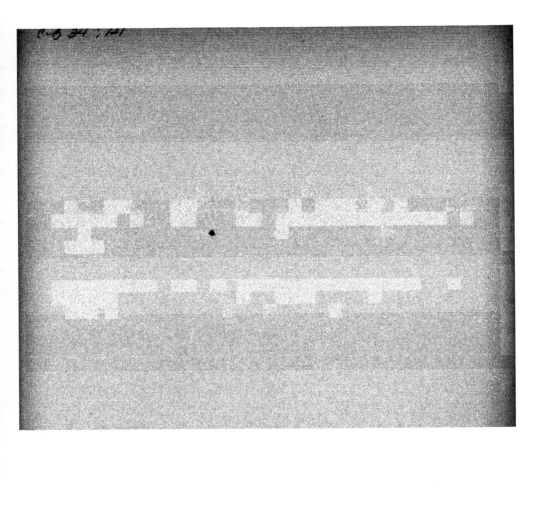

México Marzo 18 de 1845.

Adorado hermano: aprovecho la ocasion en q.e sale de
esta Ciudad p.a ese Departam.to el Capitan D. Escuara Jimo
para dirigirse esta p.r un conducto seguro sin el temor de q.e
se extravie. Quisiera ser muy largo, mas me lo impiden las
ocupaciones de ser p.r siempre multitud de ....... y p.r que
hiera creer q.e .... tome en .... q.e ...... doce, y te va
.... minimal Cuatro cartas tuyas he recibido; la 1.a sin fecha escrita en sus principios, q.e ero p.r la ..... q.e me hacen
..... ..... sobre el 15 de Abril; la 2.a con fecha 1.o de Junio;
la 3.a en 23 del mismo y la 4.a unica q.e me habla q.e ........
del 10 de Diciembre p.do Amas de las tres cartas ...... de
escribi sera de Tepic, y ... te .... creido .... de una letra
doze fechadas en 26 de Febrero y 10 de Abril; resulta q.e desde
que me separe de ese puerto te tengo escritas seis cartas con
esta y tu cuenta, luego no tienes motivo de queja; lo mismo
..... ... sucedido con el Tral, dirigiendole mi solo comunicacion
particularisima según oficial. A Teller le escribi p.r q.e ......

306

toda la correspondencia q. hubiera tenido en Mazatlan; y me
dice su comunicación q. lo ha hecho con su oficio q. remitirá p.
el p. conducto seguro; creo q. en ella irá toda la copia y p. un
siguiente terminará el asunto q. aunque fuere en la apariencia
no he dado lugar á el. Apesar de esto estoy dispuesto copia de
todo lo q. se ha escrito lo mismo q. a todos los amigos, p. q. si
p. eventualidad se hubiera extraviado mis cartas, vean lo q. les
dije con anticipación. ahora se mueven documentos q. estudiar
remito pliegos p. esa p. diferentes conductos. Tendría mucho
su extravío p. q. si te acompaño documentos originales q. me sería
de mucho perjuicio su pérdida.

El Cabildo Flores está p. esa á fines de este
mes, y con él va un ___ (ó tengo con q. mandarlo imprimir)
cuaderno en q. constan todos los q. yo he trabajado p. en ___,
y una copia de mis comunicaciones q. puede q. me equivoque,
pero estoy tranquilo en mi conciencia, y creo q. nadie ha trabajado lo q. yo en favor de su ___, habiendo sido esta mi
compañera, la miseria, aflicción, compromisos de ___ ___
y quien sabe si mi futura suerte. Flores es hombre de
bien, ha sabido corresponder a la confianza de comisionado se
su Gob., y ha trabajado cuanto se puede exigir de un hombre
de honor........ mas todo se estrella en ese maldecido
Palacio, p. cuyos hombres q. lo ocupan, no se atiende la
Republica mas q. el círculo de Mejico. Para Mejico se
dan las leyes, p. Mejico se crea un comercio efectivo, p. Mejico
son las riquezas, en Mejico solamente se invierten los caudales

307

solo p.ª los habiéramos de dejar se hicieran los empleos; en fin, era lo q.ᵉ los pasar en otra corte q.ᵉ no los dejase, Rusia, Mexico y á nuestros hombres de estado. La epoca mas dificil y comprometida es la q.ᵉ tocó al actual Ministerio. Desde su instalación comenzó á hacerle la guerra al Min.ᵒ; los partidos deseaban las diferencias diarias entre las Camaras y el Min.ᵒ como una lucha continuada; yo no pertenecí al bando de oposición p.ᵠ q.ᵉ estaba al alcance de todos, una vez el Congreso era una fracción dividida p.ᵉ ambos partidos; del principio la oposición componia la minoria; se reconcilian liberales y exaltados, se unen p.ª solo el objeto evidente de todos los hombres q.ᵉ no pertenecía á ninguno de los dos, y q.ᵉ los veia neutralizados; cambió la escena en la Camara, los que componiamos mayoria quedamos reducidos á una pequeña minoria, la justicia, nuestra conciencia y nuestro honor nos hace permanecer fieles, á diez personas de caracter somos insultados p.ᵉ el pueblo, amenazar con los puñales en las galerias del mismo salon, silbados al tiempo de votar, pero todo de estrella tiene nuestra serena frialdad y principios fijos. La lucha parlamentaria en la efervescencia de los partidos es lo mas horroroso q.ᵉ yo he visto; todas las pasiones innobles se desatan y creo q.ᵉ se necesita mas valor civil p.ª hacer contrarresto del torrente de la exaltación, q.ᵉ p.ª ir á tomar á la cabeza de una compañia una fuerte armada con dies bocas de fuego. Esta orden de cosas no podia permanecer mucho tiempo; el

308

día de las materias, conquistado de manera fasmosa, pudieron tener en el Fuerte. La revolución triunfa en Guadalajara, proviniendo á su cabeza el General Paredes. El General Santa Anna q. estaba separado del poder todo as. mismo de Fra., es nombrado p.r el Gob.o gral en gefe del ejercito qs. marchaba contra Paredes, cuio ejercito es compuesto de he ovo hombres florida c. aoliviento, perfectam.te disciplinado y equipado. La Camara se opone al nombramiento, fundada as. con artículo constitucional previene qs. el Presidente de la Republica no puede mandar las fuerzas de mar ó tierra sin permiso del Congreso, es acusado el General Reyes Ministro de la Guerra p.r haber autorizado la órden de nombramiento, es también acusado el Ministro de Hacienda y el de Relaciones la exaltación llega á su colmo p.r haber el general Santa Anna á su paso p.r Quere-taro puesto en prisión á los miembros de aquella asamblea

C·B 94 : 122

122

Como en la lista de empleados de la
Aduana Marítima de Monterey que a petición
de este Gobierno remi el Señor Contador de ella
D.n Pablo de la Guerra, aparece que la Administración la sirve este Señor por ausencia
del Propietario que lo es, y está en Méjico
D.n Manuel Castañares, resultando de ello
indispensablemente confundidas las facultades
de ambos destinos en sus funciones reglamen-
tarias, y deseando este Gobierno que el despacho de dicha Aduana en las partes que toca
á sus primeros empleados sea con la debida
separación, al mismo tiempo que satisfecho
de que por la misma razón y por las difi-
cultades que presenta la distancia, y otras circunstancias que concurren en el Departamento
para que sean provistas por el Supremo
Gobierno las vacantes, tan luego que ocurran, lo han verificado los Señores Gobernadores
anteriores. Nombro á V. para que se encargue
de la espresada Administración de la Aduana
con el mismo cuidado que la ley deter-
mina á su clase, y persuadido de que admitirá
V. tal destino, espero llenará su deber con
la eficacia que le es propia, y que le recomiendo. Sin dudar de que por los conocimientos del V. sus distinguidos servicios y buen
comportamiento en los diferentes destinos

310

cuyo efecto se le transcribe esta al expresado
Señor Contador que actualmente la desempeña y
para que entregue á U. todo lo que recomen-
danda á su inmediato despacho y con
dispues la comunique á los demás empleados
de su dependencia advirtiendo el goce de
sueldo lo empesará U. á disfrutar desde
el dia tome posesion.

Esta ocasion nos proporcio-
na la de ofrecer á U. nos afecos y distinguidas consideracion.

Dios y Libertad Angeles
Marzo 16 de 1845.—

122 A

Sor Dn Juan B Alvarado —

311

Manuel Micheltorena Gral. de Brigada del Ejército Mejicano Ayudante Gral. de la Plana Mayor del mismo Gobernador Comand.te Gral. é Inspector del Departam.to de Californias.

123

Certifico que habiendo salido á Campaña por las condiciones políticas, el día 9 de Enero del presente año al pasar por el Rancho de Don Teodoro Gonzales tomé la caballada de este individuo para el servicio de mi tropa, siendo el número de d.ha caballada que se hallaba en el rancho veinte y tres bestias, incluyendo treinta y cinco que había tomado del Carmelo y hace la suma de cincuenta y ocho bestias lo q.e se pagará por este Gob.o

Monterey Marzo 21 de 1845.

Micheltorena

312

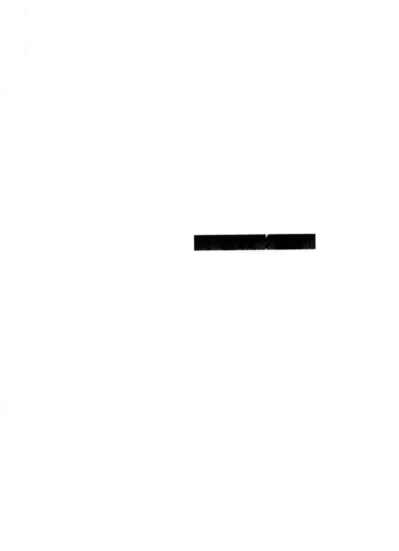

Teniendo en consideración el comandante
gral. los méritos contraídos por V. en las
circunstancias presentes y deseando recom-
pensarlos en lo posible, ha venido a bien
nombrarlo provisionalmente Teniente con
el grado en atención a las actuales circunstancias del Departamento, en concepto
de que oportunamente dará cuenta al supremo
gobierno de esta resolución para confirmar
la propiedad de este ascenso, y ocurra
a la Comisaría de este punto para que
desde el día 1.º del presente reciba Vd.
el haber de su clase.

Dios y Libertad, Monterey,
Abril 2 de 1848.

José Castro

Sor. Cap. grad. Teniente
D.n Gabriel de la Torre.

CO 84 ; 125

125

Estando la Comand.ª gral. q. hoy es a mi
cargo recompensar justamente los servicios que
los hijos del Departam.to han prestado a la
causa pública, y siendo V. uno de ellos como
lo ha acreditado Jacsam.te en el desempeño de las diversas comisiones q. se le
han confiado, tiene la satisfacción de nom-
brarle provisionalm.te teniente con el grado
de Capitán de la caballería auxiliar, cuyo
haber disfrutará cuando le sea conveniente,
y espera q. en lo sucesivo dará V. nuevos
testimonios de q. no se ha equivocado en
esta elección y q. cada día se hará mas
digno de q. el supremo gobierno a quien
lo recomiendo en esta fecha, confirme
la propiedad de su nombram.to

Dios y Libertad. Monterrey y
Abril 9 de 1845.

José Castro

A la nota que con fecha del hoy se sirve V. franquearme, contesto el enterado, como asi mismo que franqué á V. oportunamente el arreglo que quedó acordado entre el Gobierno y el sobrecargo D.ᴿ Enrique Mellus, por los derechos de importacion que causó la barca "Caro", para el conocimiento de V. y entero que debe obrar en la oficina de su cargo.

Satisfecho el Gobierno de la presura de las operaciones de V. no duda de la conformidad con que acepta, cooperará V. para las mejoras que sean convenientes al mejor desempeño de su administracion; y al efecto espero que hará cuanto esté de su parte para su pronto ingreso á ella.

Con esta ocasion reitero á V. las protestas de mi distinguida conside...

315

A

Sor. Dn. Juan B. Alvarado,
Administrador de la Aduana
marítima de Monterey

316

Con esta fecha digo al Sor
comand.te Pral de artilleria D. Mariano Silva lo siguiente.

"Teniendo en consideracion la
absoluta falta de oficiales de artill.a
en esta plaza, y q.e la comand.a principal de la arma q.e está al cargo de
V. necesita de subalternos para su
desempeño, he nombrado Ayudante de
ella interinam.te y hasta la aprobacion
del Supremo Gobierno, al Capitan de la
Caballeria Auxiliar del Departam.to D. dl
Gabriel de la Torre, cuyo sugeto es util,
y con esta fecha sele dá la orden co-
-respond.te para q.e se presente á V. y
lo ocupe en el encargo p.a q.e se nombra."

Lo que traslado á V. para su
satisfaccion, y para q.e se presente
el espresado Sor comand.te pral de
artilleria con el fin q.e se indica.

317

en la comunicación inserta.

Dios y libertad. Monterrey —

Abril 7 de 1845.

José Bartas

1274

128

El Exmo. Sor. Ministro de la Gra. y Mara.
en fha. 21 de Jule. me dice lo que sigue:

El Exmo. Sor. Mtro. de Hacda.
dijo hoy lo que sigue: Exmo. Sor: El Exmo. Sor.
Presidte. enterado ha tenido por conveniente dis
poner que libre V.E. las ordenes necesarias para
que luego que llegue á Mazatlan la Goleta
California, que ya ha de haber salido de Acapulco, se le ministre la cantidad y muy ejecu-
tiva para que repare las averias que tiene en
su buco y aparejo, previo el presupuesto
que formará el Capitan del Buque, y que
será revisado por el Sor. Comandante Gral.
de Marina. Y de la misma Soberana orden
tengo el honor de comunicarlo á V.E. pa.
los fines indicados. La inserto á V. pa.
su conocimiento y efectos prevenidos.

Una copia igual á esta dirijo al Sor.
tesorero para que atendiese lo que en ella se
pide; y me conteste lo que sigue:

En vista de la apreciable de V. S. fha.
de hoy he buscado en la legajo del Archivo
de esta Oficina donde corresponde la Soberana
ordn. de 21 de febr. que V.S. me copia; y el no
haberla encontrado me hace creer fundadamte.
me que no se ha recibido; siendo esto cuanto tengo que decir á V.S. a.contestacion
de su ya citado oficio nota.

Despues de esto le he oficiado de
nuevo refiriendome al oficio que V. Sor.
pasa (fha. ?) amonestandole de nuevo pa.
que tenga en consideracion la situacion de
??? y demas tripulacion; con las justas
razones que en su ya citado oficio me pone

ningun resultado hay todavia de mi ulto
oficio y luego que lo haya se lo comuni-
caré, a V.S. para su gobierno.

En cuanto tenga que decirle, en contestación á su ya referida Oficio.

Dios y Libertad.
Pto. May. n Abril 21/845.

Pr. enfermedad del Sr.
Gobor. Grāl.
Calisto Morales

1284

Sr. Capitan de la Goleta California

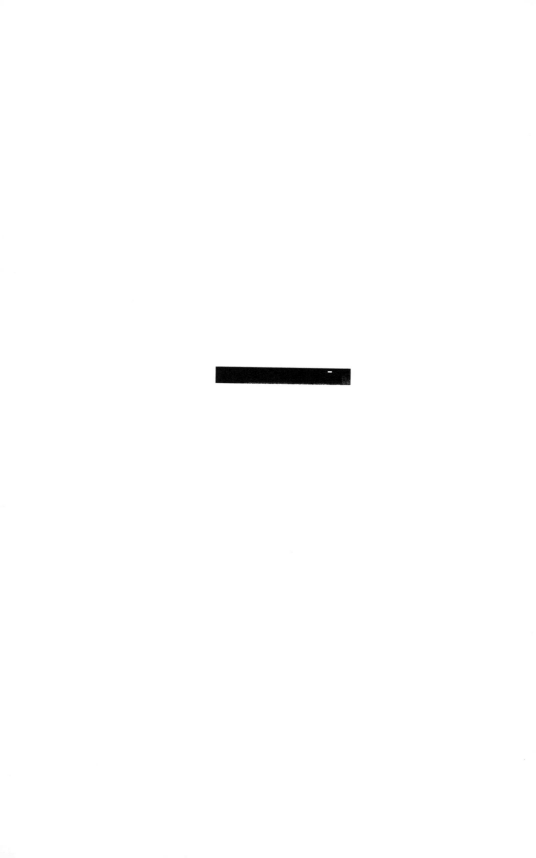

Tengo el honor de acom
pañar á vs. el inventario
formado de la Goleta Ca
lifornia qe ha estado á
mi cargo y qe entrego
al Piloto por la orden
verbal qe me comunicó
de vs. el Sr. Comandante
Interino de Ubaldo de
relej. Sirvan vs. mandar
me acusar el correspon
diente recibo por ser un
resguardo.

   Tambien suplico á
vs. qe tenga á bien co
municar al Sr. Tenieno

Departamental y me ——
he de recibir los dos cien
tos pesos pedidos para
el socorro provisional
del buque, pues creo que
en la efectificacion de
es no habrá obstaculo
para ello atendiendo á que
mi alcance es de mu-
cha mas cuantía, y
que caso de que cuenta, esos pesos
ni aun me alcanzan para
conducirme al lugar en
que se halla mi fami-
lia.                    129A

De todo espero me avise
de su buena resolucion
pues, hoy es le indispe
            322

tiblemente el buque
en q.e debe marchar.

Repito á V.S. mis
respetuosas con sidera
ciones.

Dios y Lib.
S.P. de Mar.e Abril
22/845.

Sr. Comte. Gral.
de Marina.

,323

Coppy of an officia
hass Lt Comd of magol

Ocurridos en este Paiz, hoy gravita Sobre n
ros el peso enorme de la Comand.a Generál, y
e poder llenar mis debéres en este honroso p
ndo nunca en mis escasas luces é incapacidad, y
onrradéz y Patriotismo de mis subordinados y en
ideas y sano juicio de los Ciudadanos.

Hace algunos años que hé deceado con empeño, y
ositivos á los virtuosos Pueblos en donde vi por
la luz, y hoy que las circunstancias mismas y el
que desempeño, me obligan inmediatam.te á ello, y
sin duda á poner en practica todos los medios
las dificultades crea convenientes á la felicidad p
ridad individual y ál positivo bien Generál.

o uno de los azotes desoladores que sufre este
y tiene paralizada su prosperidad, sea la
cursiones de los barbaros á los estableciem.tos de ag
Comand.a Gral. que no puede ver con indiferien
que por esta Causa se padece, vá á brir en
nidero una Campaña cotra aquellos, en la
scribe á la Cavéza de sus fuerzas y de los ciuda
tariam.te quieran prestár este servicio marchará á d
dár los primeros golpes, dejando despues el termi
nta hásta gozár una totál seguridad, á la Com

324½

... Gerardo Venidero mis una Confiana sobre aquellos, en la que
el que deshonche á la Cacion de sus fuersas y de los Ciudaanas
que Voluntanana... Te quiero prestar este correos moralasen á orga-
nizarla y dar los primeros golpes, (cuando dejemos el termino
fixado de esta, hasta ... su total degradad, á la Conse á
de estos estranjeros Con quien no ... ha tratado objeto á cele-
brar una Contrata.

Militares y Ciudanos de todas clases, sexos, colores, castas y
las plantearan á las leyes es lo que la felicidad de todos los
Pueblos Suele (es), recordar estos deberá á que estam sugetos toros
los miembros de una Sociedad Cibilisada, y tendrá en mi
un fiero amigo que sera con imparcialidad nuestros quejas,
impartiendo una equitatura justicia. El que los tengo que
Gerardo los Servicios y Virtudes de los que se hagan acreedores
... grandes que sean de sus facultades, y que tambien con
Venerad Consegia el alivio el Vecindario aterrando al enemigo
Pueblos.

Monterrey Abril 23 de 1843

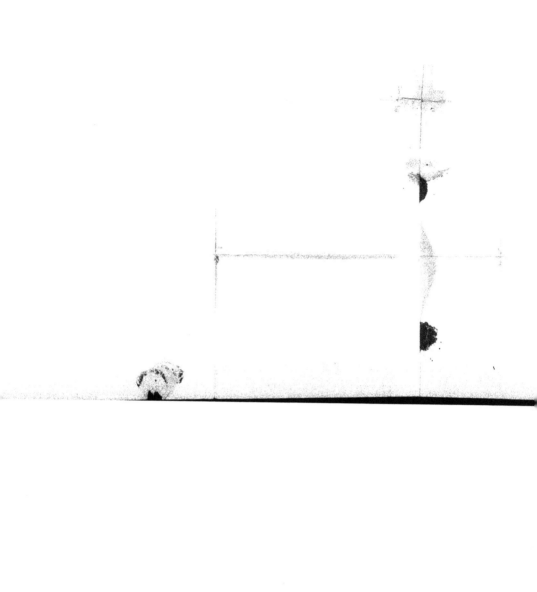

131

Con fha de hoy digo al Sor Juez de
Paz y de primera instancia de esta Capital Dn Jose Z. Fernandez lo siguiente —

" Considerando en justicia el pedi-
mento que U. hace en nota de 2.2, del
corriente, se le concede á U. licencia
por dos meses para separarse de los
Juzgados que desempeña á arreglar
sus asuntos particulares, debiendo
U. entregar por inventario formal al
Sor Juez de Paz suplente Don Teodoro
Gonzalez, que con este fin se le transcribe esta comunicación, el archivo
perteneciente á los referidos Juzgados
de Paz y de primera instancia "

" Y lo aviso á U, para que
desde luego se presente á cumplir
con lo prevenido en dicha nota, dan-
dome cuenta de haberlo asi verificado.

Dios =

326

y Libertad Monterrey

Abril 24 de 1849

José M. Estrada

131A

Sor. Juez de Paz Suplente
de esta Capital Dn. Teodoro Gonzalez

327

... Ignacio Gallego vecino del pueblo de San Ygnacio
ante V.E. con el mas profundo respeto y por medio
de esta ... representacion, que será presentada á V.E.
por D. José ... Lavarria de los referidas de su cédula
... y habiendo sido arrendatario ... tiempo ...
de la labor perteneciente á la mision de ... que ...
... á causa de la suprema órden que se
dió por la venta de la espresada labor y demas ...
correspondiente al ramo de temporalidades en cuya ...
... y habiendo por tal razon emprendido ... de
mucha consideracion en el cultivo de ... disfruta
... con solo el día de posesion como ... con los ...
mas labradores en los espresados terrenos, me ha ...
... convenientemente manifestar á V.E. que á la voz de
... por cuenta de la hacienda pública como en la
... pretende ... la Tesorería Departamental
... comisionado de Hacienda D. ... Nieves, es que
que V.E. en merito de justicia se ... disponer ...
... de las facultades ... se halla investido, y ...
... arrendatario ... se me ... cargo que deba ... en ...
en ... repetida labor, me ... plena libertad para
... á mi ... del agua que ... que ...
... todo p.r beneficio ...
... de ...
... poco mas ó menos ... que ... á ...
legua ... al norte ... de ... que ...
... hoy no pertenece, dista mas ... legua y media de
... Nueva de ... de ... y con ... siguie-
nes y rectifiquen he podido ... dejar en ... ... tierra
... el de la ... y ... mayor parte de ... ...
habil, como lo probaré ... de ... leguas con ellos y
...

D.<sup>n</sup> José Ygnacio Galliga, vecino del pueblo de San Ygnacio
ante V.E. con el mas profundo respeto; y por medio
de esta unica representacion, que será presentada á V.E.
por D. José M.ª Lavorín de la vecindad de esa Ciudad
ó mas bien q.<sup>n</sup> tiene un conocim.<sup>to</sup> de ella y de este dispto
dice: q.<sup>e</sup> habiendo sido arrendatario por de quince años
de la labor perteneciente á la mision del indicado pueblo, desí de esto á causa de la suprema Orden que se
dió p.ª la venta de la expresada labor y demas fincas
correspondientes al ramo de temporalidades en cuya vir
tud y habiendo por tal razon emprendido gastos de
mucha consideracion en el cultivo de _____ y _____
con solo el D.º de posecion como sucede con los de
mas labradores en los expresados terrenos; me ha pare
cido conveniente manifestar á V.E, que á la vez de
_____
dadas por cuenta de la hacienda publica como se la
tiene prevenido á las p.ª la Tesoreria Departam.<sup>tal</sup>
al Sor. comisionado de hacienda D. Fran.<sup>co</sup> Vías, se pide
que V.E. en merito de ofsticia se sirba disponer en
uso de las facultades con q.<sup>e</sup> se halla imbestido, que
el arrendatario ó arrendatarios q.<sup>e</sup> deban sucederme
en la repetida labor me dejen en plena libertad para
disponer á mi arbitrio del agua que _____ para
del especulo ramo p.ª beneficiarme _____
quia un molino de _____
dist.ª poco mas ó menos _____
lugar siendo al norte _____ de _____
q.<sup>e</sup> hoy me pertenece, dich.<sup>a</sup> mas _____ agua y m_____
la toma de agua de q.<sup>e</sup> ha _____ q.<sup>e</sup> son inmensos a
nos y sacrificios he pade_____ deferir en cart.<sup>to</sup> p.ª mi
juicio, el de la mision y _____ mayor parte de esta
habit.<sup>s</sup> como lo probaré _____ llegare con el p.ª mis
mos.

bien debo manifestar a V.E. q.e la toma de agua con
que se beneficiaba la nación y una parte de la comunidad de este pueblo, en el año de mil ochocientos
treinta y cuatro la hizo desaparecer en lo absolu-
to una copiosa lluvia q.e cası inundó a todo, al debo q.e sin embargo, yo como interesado por el bien
común de este lugar y el de la comunidad labré ....
a tomarla en distinto lugar cuando en aquel año
..... blanco, y ... considerando que con esta toma de
agua el molino de mi propiedad no podía gozar
de su beneficio, me resolví a echar la q.e .... la
... descartado, por cuya razón se abandonó .... q.e
..... que en el día apenas se distingue en algunas
partes la acequia pral. en tal concepto, V.E. satisfecho de mis ....... de la integridad y buen fin con
que deseo esta exposición, tendra la bondad de man
.... que a .... de V.E. si lo estimare justo,
.... en respecto a q.e no se me perturbe en el
............................... de tierra
.... y V.E. .............. mandará en ejercicio
de facultad .... con .... perjuicio, y dema-
.... de .... este q.e, se les aga haya en
...... y orden en caso q.e .... en el agua se
.... el .... y primitivo lugar, para lo
que en la Sub .... la parte q.e me corresponde
.................. Por tanto
........... y .... los rendes ... haga la
.................... voluntad, descartado lo q.e
................ en el asunto a que
................ exposición, de lo que
............... esta se empetra, advirtiendo-
................... con absoluta falta del
................. proceder de mala ....
.................................

... de tan
... y que ... mandatario ... 
... evitar complicaciones, perjuicios, y demas
... de mucha atención, se les ... haga en
... deber en cada ... ... en el aguarto
... primitivo lugar, para lo
... contribuir ... parte que me corresponda
... ... interesado. Por tanto
... y súplicas rendidamente tenga la
... ... solicitud, decretando lo que
... en el asunto á que
... ... exposición, de lo que
... ... maestro, admitién-
... por absoluta falta del
... no proceda de malicia
... Abril 26 de 1846

E. S.

329

C-B 34: 133

Washington April 28/45

Mr F. C. Barker

We have to acknowl-
edge your letters of Jan 20. & 28th — the
former containing some explanations which
relate to the affair with Mr Vince, &
as we believe Mr P's account to be
correct, the explanations are of course
unsatisfactory — particularly where you
take the credit of having paid prompt-
ly! and deducted the 10 % — the have
also paid Mr Spence 5% Comm. for
collecting the note of yours!

We hope you will re-consider the
affair, and send us the balance as
per our letter of Nov 27th last to you.—

The questions in regard to otter
skins we are not able to answer
with much precision.— The Comm.
for shipping to china would be 2½%

on the valuation here — then there would
be the ~~Insurance~~ freight and Comm.? for
inventory in China ~~and to H S~~ ~~...~~
back to ~~the...~~ to Boston, as the case
might be. — The charges for Comm.? for
selling in this place, are 5% — and 1%
for Storage — ~~...~~ Prime skins
are worth about £40 here in goods at Cash
prices — We do not know their value in China
now, but presume about $45 for Prime. —
Freight from China to Boston $20 p ton!
th Cubic feet. —

Yr Obdt Serv.?

Charles Brewer

for Peirce & Brewer

—331—

Thos. O. Larkin, Esq.

Monterey.

Thos. O. Larkin, Esqr.

Monterey.

Thos. O. Larkin, Esqr.

Monterey.

134

Sôr. D. Teran Cooper

Tepic Mayo 4 de 845

Mi buen Amigo:

tengo en mi poder su grata de fecha 28 p.p. la q.e me ha llenado de
bastante sentimiento al ver sus padecimientos emanados de la poca
o ninguna disposicion q.e ha encontrado U. en un hombre q.e
casi se puede decir abandonó á U. quando ó en momentos en q.e de-
via serle mas util pero mi amigo en casa la juventud y experiencia ninguna; la carta de U. se la he manifestado al Grâl. quien
me ha suplicado la guarde p.s puede con ella hacer alguna cosa
ante el Gov.o y prevan al tiempo q.e estuvo fiscalado sin ninguno
recurso cuando en ello fueran oidas sus quejas; tambien le hice
presente al Grâl. lo de la libranza de U. con respecto al Sôr. Castañares y me ordena digas no se acuerda de nada, q.e Castañares
es su apoderado con quien puede U. entenderse; tambien me dice
le diga á U. q.e siente muchisimo sus padecimientos, y q.e siempre
recordará sus servicios q.e igualmente si sabe U. donde se halla
colocado, y lo considera U. util lo ocupa p.a decia servira á
los buenos servidores del Gov.o y en particular á los q.e han de-
sempeñado, y servido con bastante honradez.

Amigo mio con respecto á la libranza ó dineros q.e

333

di á U. p.ᵃ mis encargos no debo el oxiliar á U. p.ᵃ q.ᵉ lo entregue precisamente al llegar á Monterrey p.ᵃ sí las circunstancias y lo q.ᵉ há padecido; así es q.ᵉ lo puede U. entregar cuando gusta pues amg.ᵒ hoy me hace falta p.ᵃ los escasees pero me parece es mui critica la situación de U. q.ᵉ la mia amg.ᵒ hasta hoy aun no recibo medio malo

Ha llegado de Mejico á contratar berg.ᵈ el dador de esta y dice deve venir flores, y Pardo en el camino p.ᵃ esta ciudad de modo q.ᵉ nos deve de encontrar con nuestra marcha ó tal vez quien sabe si se me excusará;

La familia de U. en Monterrey está bas= cante afligida y lo mismo sus Amigos de modo q.ᵉ lo hacian á U. muerto según las noticias q.ᵉ corrian yo le escribí á telles del S.ᵒᵉ Blas y lo primero q.ᵉ le encargo es q.ᵉ se informe donde se halla U. y q.ᵉ tan luego como lo sepa solo escriba á su familia p.ᵉ es encargo q.ᵉ particularmente me hicieron al separarme, p.ᵃ solo la de U. la de D. Guillermo Harnell y la Soberanis vinieron á dejar á la plalla á la Grata. de modo q.ᵉ hasta el ultimo momento manifes- taron su cariño.

134A   Le escribo á D. Tomas O. Larkin y en lo particu- lar le da U. á la Señorita mis memorias y á el algunas abrasos á Estoc y el Flim y todos los q.ᵉ se acuerden mis memorias.

Deseo á U. muchas felicidades y q.ᵉ hasta esta fecha sean todos los males y trabajos q.ᵉ há tenido los q.ᵉ dice Cain- tran si hubiera tenido hubiera muerto.

Sime considera U. util en cualquiera diligencia espero disponda del cariño q.ᵉ le profesa su afmo. Amigo

Juan Abeya

334.

C-B 34; 135

I, John Carter, Seaman and a Native of the City of New York, U.S.A. hereby certify, that in June 1844, I shipit in Boston as foremast hand on board the American Bark Tasso of said Boston, Elliot Libby Master, off Cape Horn I became disabled from duty and have continued so to this time, at the Port of San Diego, California, Capt. Libby put me on board the American Ship Admittance, and sent me to the United States Consul for Monterey, for charge and maintainance, where I arrived on the 4th of May 1845.

As witness my hand, this 5th of May 1845.

Witness
Josiah Belden

John X Carter
his
Mark

335

John Carter's
Certificate of Distribution
May 11 - 1845
Triplicate

CO 34 : 136

I, John Carter Seaman, & Native of
the City of New York U.S.A. hereby certify
that in June 1844, I shipt in Boston as fore
mast hand on board the American Bark Tasso
of said Boston, Elliot Libbey Master. Off
Cape Horn. I became disabled from duty, and
have continued so to this time, at the Port of
San Diego California, Capt Libbey put me on
board the American Ship Admittance, and sent me
to the United States Consul for Monterey for
Charge and maintenance, where I arrived on
the 4 of May 1845

A Witness my hand this 5 of May 1845

Witness
Josiah Belden

John Carter his X
mark

336

John Carter's
Certificate of Distitution
May 4 - 1845

136 y

S. Blas Mayo 6 de/845.

137

Mi. á migo.

de los cinco p.s q.e quedo
U. Res ponsable del S.or q.e me
Com pro la Har pa el año
1842.; quiero el q.e U.e me
aga el fabor, el Redusir
nela Dhos. 5. p.es en lenguas
y un arco con Sus Reste
tibas flechas; todo esto
melas mandara en el Pri
mer buque q.e benga como
dis ir la Julia, lo q.e mere
sera este Sumas afegtisimo
q.e á U. B. S. M.

Mᵗᵉ. ti Vila
y. Montoya

337

New Helvetia June 3rd 1845 —

Wm Hartnell Esq.

Dear Sir

Since I was in Monterey last Dec, I have been informed that all the people who were applicants for land have obtained their titles; and I presume you did not fail to attend to Mr. Johnsons petition also, which I left in your charge; please have the goodness, therefore to send me, by the first opportunity, the title of Mr. Johnson, or if anything may have prevented you from obtaining it, forward to me the documents which I left with you.

I remain respectfully your

Obt. Sert.

J. Bidwell

Recd July 17
Answd July 18

338

Al Sor

Dn Guillmo Hartnell

Monterey

Al Señor D.n Tomas O. Larkin, Consul de los
Estados=Unidos de America en Monterey.

Angeles Junio 25. de 1845.

El infrascrito, Gobernador interino del Departamento de Californias, ha recibido una comunicacion
oficial del Supremo Gobierno de la República del
tenor siguiente.

"Ministerio de Relaciones exteriores, Gobernacion y Policia.= Con esta fecha digo al Señor D. José M.a de
Hijar la siguiente comunicacion." = Los ultimos acontecimientos de Californias de que ha sido consecuencia sali-
r de aquel Departamento el Señor General D. Manuel
Micheltorena, encargado del mando político y militar dan
á entender desde luego que el orden y tranquilidad pública
ha sido alli notablemente alterada, que la inquietud y exalta-
cion de los animos ha tocado a su estremo; y que tal estado
de cosas demanda se tomen las medidas mas eficaces, que con-
siliadas con la prudencia debe por resultado la paz, la unio-
on y se prevengan otros graves males, que necesariamente debia resentir no solamente Californias sino el resto de la
República de quien es una parte integrante, si otros males

340

llegaran a realizar = Entre aquellas ha estimado muy conducente a las miras benéficas y conciliadoras, que animan al Supremo Gobierno nombrar a U.S. para que en clase de su comisionado se traslade a Monterrey a la brevedad más posible, a llenar el encargo que le confiere S.E. que espera desempeñará cumplidamente así por el conocimiento que U.S. tiene de las personas y localidades como por que versando en interés general desarrollará U.S. todo su patriotismo, su celo y sus luces hasta llegar a obtener el objeto a que se aspira — Como la comisión de U.S. es puramente de paz y de concordia, quiere el Exmo. Señor Presidente Interino. — 1.º Que a su llegada a California, se ponga U.S. en comunicación con la persona que esté encargada, o fuese la autoridad superior política; que así a ésta como a las influyentes, sea cual fuere su carácter, o categoría y aun al resto de sus habitantes, les haga U.S. presente la alteración actual de la República: que restablecido el imperio de la Constitución y de las leyes, el Congreso y el Gobierno se ocupan sin descanso de la organización en todos sus ramos, desterrando los abusos que se habían introducido principalmente en el de Hacienda; y que esta exactitud y la buena fé con que se está procediendo sin desviarse de los principios de la justicia van produciendo los mejores efectos. = 2.º Que habiendo decretado el Congreso general que las Juntas Departamentales inicien las reformas que crean convenientes deban hacerse a las bases orgánicas, han comunicado ya a verificarlo, sin perjuicio de que mientras se ve-

139A

341

men las de todas, se hayan dictado medidas que por lo
pronto se han estimado mas urgentes y venéficas á los prop.
Departamentos.= 3.ª Que siendo de este numero el de California
y debiendo entrar igualmente en los goces, franquicias
y prerogativas que los demas, el medio mas oportuno, mas
breve, y mas facil es el de que su Asamblea Departamental
y demas autoridades constitucionales, ejerzan sus respecti-
vas atribuciones proponiendo para Gobernador el individuo que les merezca mas confianza y juzgue la Exma.
Asamblea mas á proposito para desempeñar las funciones de tan honroso empleo, en el concepto, que aun
que es Departamento es fronterizo, el E. el Presidente Interino
desea obsequiar en cuanto pueda á aquella Asamblea
Departamental.= 4.ª Que dirijiendo la atención del Gobierno á toda la República se tomarán las providencias
mas eficaces para destinar los buques necesarios en el
concepto que la correspondencia oficial y particular entre Californias, y los puertos del continente de aquella
en el Pacífico se regularice en terminos que las recipro-
cas comunicaciones no sean como hasta aqui se han hecho,
sino de manera que puedan ser provechosas al comercio y
la industria de aquel pais.= 5.ª Que en el caso de envio
de tropas á aquellos puntos, por que asi lo exija su
seguridad, el pronto á reservarse de un insulto ó inva-
sion estrangera, se pondrá el mayor empeño en que el Gefe

342

á cuyas órdenes se pongan, no solamente esté dotado de los conocimientos militares que detalla la ordenanza, sino que á esta circunstancia, reuna una indole y genio capaz de alejar todo motivo de disgusto, y de queja tanto parte de las autoridades como del resto de los vecinos.

= El Exmo. Señor Presidente confía en que V. conociendo la importancia y gravedad de esta comisión que le confía, dará á las instrucciones precedentes toda la atención que su prudencia le aconseje con tal que se examinen y puedan lograr restablecer el órden constitucional, mantener la union, y alejar todo motivo de subversión ó alboroto, principalmente con respecto á México, cuya idea se ha seguido ya ó se intenta introducir; por los enemigos de la integridad del territorio Mejicano. Y lo traslado a V. para su conocimiento de órden del supremo Gobierno con el objeto de que poniendo en accion su patriotismo, y los sentimientos de que como mejicano esta animado preste toda su cooperacion hará que las benéficas miras del Supremo Gobierno surtan todos su efectos; y que la paz, la tranquilidad, el órden, y la union con el resto de la República no llegue ni aun a alterarse, infundiendo á esos habitantes la mas ciega confianza hacia el mismo Supremo Gobierno que vela con la mayor predilección los intereses generales de la Nación; y con especialidad los de su Departamento. = Dios y Libertad Mejico Abril 11 de 1843. = Cuevas. = Señor encargado del Gobi.

2 1 2

...prema communicacion que tiene relacion con los intereses generales del Departamento, disfruta la satisfaccion de protestarle las seguridades de su mas distinguida
consideracion.

Exc. Pio Pico

Los Angeles. June 25/45

2/5

6.5
4.4.2
.8

Rec.d July 18 .

Sn José Junio 30/45

Don José Jesus Vallejo
(Mdy) Sn Jose y Arrujo

Remito á V su
cuenta con la Fragata Sterling,
con todo y Abonos.

Soy su aft. Amigo
S L M B

345

346

Alta
Dn José de Jesus Vallejo
E.P.M.

and found his mode of business differ much from mine
in Jan. 1842. at Captain Wilkins Store in Sumter
B. we where 2 or 3 days making & tear at trade
and always misunderstanding each other. on the
11 of Jun. we even misunderstood in writing. on
the 12. I rec'd from Mr P. two written con
tracts. refusing any rental mes. or remuneory ac
count of any kind. having a strange idea of trouble
as I was embarking on board the D. Quote-remove
to Mont. I requested Mr Stetson. now of Ocala
to Copy these two Contracts and attest them. this
he did. Mr Bruer now has three. one set
I took on board leaving the other to follow in a
nother Vessel. on the way up. the Vessel was
struck back the stern down into the water. and was
barely saved. I jumped out of my birth
and to the water. as it was coming in like a
deluge in the Captain widows. I thought the stern
timbers had give way and we were sinking
strange to say to my joy thought sink or not sink
Mr Pen. papers will reach M. by the other
Vessel. and much trouble will be well
mild.

Theße papers I now send to you
with these left at afe current. and with a view
from me that Mr P. or myself had any other tra
in B. & please show them to Mr Charles Bruer
and ask him. whye I owe him a cent. or
have kept any thing due him. or his fortune
you will put one ase of a Gent debt. on the
Mr B. claims left as here by Capt Katy
or minsell. after know the Particulars you

Monterey July 7 1845

Mr Stephen Reynolds
                                    Sir

Your Schr Fama came to hand
the Potatoes Capt Nye purposes going to other Rights
I did not need one —    the Hides I sent to
you could have been sold here for 15 Rials each
unless the as you told me to ship them unless
Mr Thompson find you requested him to receive
them.   I put this on board the Fama. [?]
Carter grumbles at great rate about his being
[?] ought to have sold for Cash —  I do what I
thought was best;   if I had sold for Cash the
goods he shipped, I should probably have drawn
on him for a trifle to help pay the expenses,
so 570 hides to him in 1845, is better than down
for as many rials to pay a difference that might
have happened if I had made an auction sale
for cash

We are expecting lots of troops from
Acapulco to retake C. W & C are filling
up their sepoy Army to fight all new comers
if they do not succeed the first year he will
the 2 or 3

For 2 or 3 years I have had a long
& disagreeable Correspondence with Mr Chas Bruce
respecting some affair with Mr Henry Peirce in Jan
1842, at that date and in St Barbara, at that
date & port, I made two trades with Mr Peirce
during his short stay in Nov & Dec in 1841, I made
some trades with him in Monterey

for me as four years Mr Spence retains my Note
altho' paid, he says he shall ask for no
Ballance as there is none. Mr B. in one
letter has even left the Payment to my idea
of right or wrong, but that no way to settle
debts — Mr Brown also complains that Mr Spence
recovered from him 5 pr ct. for Colle ction, the
Note, altho' I pd Mr Spence Peirce 7 months before
et it was due. Mr S. says he not only ought
to have the 5 pr ct. but Horage on 14 or 16 days the
value of 2800 $. thats their business not mine.

You will please call on Mr
C. Brown, and find out from him how I owe him
and if in his opinion any of Current of Mr P.
sent from Mass. or Charlestown can stand against
these two written Contracts, I believe Mr B
will not deny the several payments I have since
tried — I sent this business to you, being tired of
writing to Mr B on the subject —

I am &c.

* excepting some four purchased = Ment
for the payment of which I hold his recot —

349

Copy of a letter
Stephen Reynolds –
Respecting Henry Pierce
afsd July 1845

Un hecho reciente ocurrido en la mañana de hoy ha escandalizado á la moral pública el indígena Juan de Dios antiguo neófito de la misión de la Soledad cansado ya de cometer crímenes en los campos robando Caballada y quitando la vida á cuantos podía ha perpetrado hoy el mas horroroso á las orillas de esta poblac asaltando desde el bosque inmediato á dos infelices mugeres y un viente que se ocupaban en los negocios domésticos de su casa ata candoles con un puñal á sus inermes personas causandoles tale heridas que quedaron en el campo tirados casi sin esperanza d vida el pueblo se halla sin Jueces civiles por mucho tiempo y n teniendo á quien acudir los habitantes para pedir justicia y la paracion de crímenes tan atroces apelan a esta comandancia m litar quien autorizada para obrar conforme la ordenanza en persecución de los ladrones en cuadrilla que asaltan diariam de las rancherías inmediatas d'esta población previa la avere guacion sumaria y Junta de oficiales el mencionado Juan de Dios espiará su atroz crimen hoy á las seis la tarde en un patíbulo; é aquí lo que me obliga dar un te timonio público á la seguridad individual de los cuidadanos de sus propiedadas dando cuenta inmediatamente de este hech á las autoridades superiores del Departamento

Monterey Julio 13 de 1845

Juan B. Alvarado

350

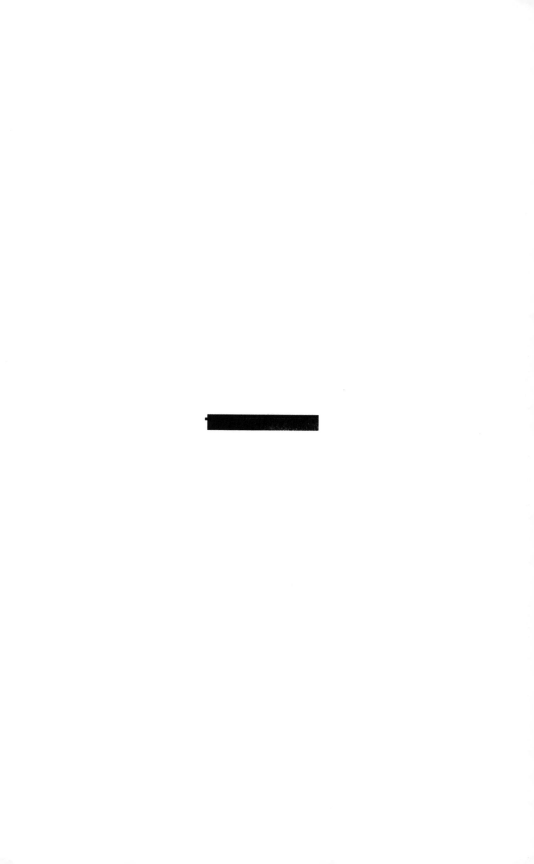

Por la nota oficial de US. de 21 del
ultimo pasado Junio, veo que dando US.
con nuevo testimonio de amor a España
y de obedecimiento a las ordenes de la
Comandancia General, se ha puesto al
frente de la fuerza permanente y auxiliar, para salir a la campaña contra
los Indios Barbaros y Ñamonces
orientales dexadores, que ha dejado la
Administracion de la Aduana maritima de Monterey al cargo de su contador, y que considerando US. incompa-
tible su empleo militar con el destino
de Administrador, puede este Gobierno
disponer lo que le parezca mas conveniente.

La franqueza con que US. se
manifiesta en su nota citada, la que
de lo oficial, y sobre todo el desprem-
dimiento con que ha servido a su

..., no me haen vacilar un momento en adoptar la medida, en el
concepto de V.S. y del Gobierno es justa,
de proveer en otra persona el encargo de Administrador de la Aduana
Marítima de Monterey; en consecuencia queda V.S. exonerado de dho encargo, y nombrado para que le sucede en
él, el Señor Contador de la misma Aduana D. Pablo de la Guerra, a quien
con esta fha. doy aviso de su nombramiento.

    Me dirijo a V.S. para su cono-
cimiento y fines consiguientes, y en contestación a su referida nota, este Gob°
que vé en V.S. un Ciudadano distinguido, le tributa su reconocimiento y
gratitud a los servicios que le ha prestado, y yo disfruto la satisfacción de
reiterarle, con sinceridad, las seguridades
de mi distinguida consideración y de
mis respetos.

y Libertad. Angeles Julio 17 de 1845.

Pío Pico

Señor Coronel D.n Juan
Bandini Alvarado &c.

353

Traducción 144

Monterey 18 de Julio de 1845 = El infraescrito, agente del Consulado de Francia, tiene el honor de poner en el conocimiento del Sr. Alvarado Comandante General interino del Norte de la Alta California, que el 4 del actual el marinero de tercera clase llamado Eymerlieu, desertó de abordo de la Corveta de S. M. el Rey de los Franceses "l'Heroine," fondeada en este puerto, y que el 9 del mismo mes, su deserción fue seguida por la de Lamotte (Francisco) también marinero de tercera clase.

El infraescrito cree que el Sr. Comandante General se aprovechará con actividad de esta ocasión para dar a la Francia un testimonio de su buena voluntad y de las disposiciones que le animan para mantener en estado de amistad las relaciones que existen entre su Gobierno y el del Rey, tomando las medidas mas eficaces para conseguir el pronto arresto de estos dos desertores. El infraescrito tiene el honor de ofrecer al Sr. Alvarado la seguridad de su mas distinguida consideración. = Gasquet =

= P. D. = Estos dos marineros son negros y por consiguiente muy faciles de reconocer = Sor. Alvarado, Comandante General del Norte de la Alta California

Es traducción de su original

Guillermo Edo. Hartnell

354

Monterey 18 juillet 1845

144a

Le Soussigné Gérant du
Consulat de France a l'honneur de
porter à la connaissance de Monsieur
Alvarado, commandant Général, par
interim, du nord de la haute Californie,
que le 4 de ce mois le nommé Esmerteur
matelot de 3me Classe déserta du bord
de l'Héroïne corvette de S.M. Le Roi des
français, mouillée sur cette rade, et que
le 9 ieme même mois sa désertion fut
suivie de celle de Samotte (français)
également matelot de troisième classe.

Le Soussigné pense que
Monsieur le commandant Général saisira
avec empressement cette occasion pour
donner à la france un témoignage de
son bon vouloir et des dispositions qu'il a
de maintenir, sur le pied d'amitié, les
relations qui existent entre son gouvernement
et celui du Roi en prenant les mesures les

Monsieur Alvarado commandant Général du
nord de la haute Californie

355

1446

plus efficaces pour parvenir à la prompte
arrestation de ces deux déserteurs.

Le Soussigné a l'honneur d'offrir
à Monsieur Alvarado l'assurance de
sa considération très distinguée

Jacquet

P. S. ces ██ matelots sont nègres, et par
conséquent très faciles à reconnaître.
1443

356

between that gentleman, and Mr Jacob P. Leace.
And as their dispute may probably lead to liti-
gation, and come under your cognisance, as agent
for Mr Grimes; he is desirous that you may be
in possession of an impartial statement of the case.

When I took charge of the HB. com-
pany's Establishment at this place, I found therein,
the sum of one hundred and fifty four dollars,
belonging to Mr E Grimes, with a memorandum
by the late Mr Rae, stating that, that sum had
been deposited with him by Mr Grimes on the 29.

Oct. 1844, for payment to Mr Lease, of seventy eight head of heifers, due the sum of eighty dollars, value of two shawls, purchased of Mr Grimes by Mr Lease.

By letters of both parties, to Mr Rae, I found that in July 44, Mr Grimes had purchased of Mr Lease, the above number of cattle, deliverable by an obligation of José Mr Amador.

At the same time, Mr Lease purchased of Mr. Grimes, two shawls in Eighty dollars, for which, eighteen heifers were to be paid by an order upon John A. Sutter; and in effect Mr G. received an order for the same, which Mr. Sutter declined paying 45 & Mr Grimes informed Mr Lease of Mr Sutters refusal to pay the order, when Mr Lease wrote Mr G. requesting him to deduct the sum of Eighty dollars, from the value of the seventy-eight head of Cattle aforesaid, and to deposit the remainder one hundred and fifty four dollars, with Mr Rae.

which Mr Grimes did on the 29th October.

By some mistake or neglect, a dispute occurred in the number of the cattle delivered, and Mr. Rae was requested to delay the payment of the money deposited, until he should receive advice that the whole number had been received by Mr Grimes Agent.

There appeared on the books of the Company a balance of One hundred and sixteen dollars, against Mr Lease, for money loaned him by the late Mr Rae, on the 26th of Sept 44, I requested Mr L to settle this acct, and at my interview with him, I offered to receive the money without making any charge of interest, as only one month had elapsed from the time of the loan, until the time of the deposit of the aforesaid sum by Mr Grimes, although no blame could be attached to Mr Rae, for not settling the account, as he had not been

145??

359

advised by any person, that the cattle had been
delivered by any person to Mr Grimes' agent

Mr Lease refused receiving the money left
in deposit, and insisted upon my charging him
interest; saying, that the money left in deposit,
was less than what Mr Grimes owed him.

When Mr Grimes returned to this place,
I informed him of this circumstance, and he wrote
to Mr Lease by me, offering to pay him the
sum still in my hands, with interest thereon
from the time the Cattle were deld to Mr Grimes'
Agent, until notice of their delivery was recd
by Mr Lease.

1456          As far as my knowledge of this
Transaction, this is a true statement of it

I am Dear Sir
Yours Sincerely
James McForbes

Authorized provisionally by the Administration of the Maritime Custom house of Monterey for the years one thousand eight hundred and thirty four and one thousand eight hundred and thirty five.

Figueroa            Rafael Gonzalez

José Figueroa, Brigadier General of the Mexican National army, Commander in chief, Insp.r and Governor of the Territory of Upper California.

Whereas D.n M.el G. Vallejo, first Lieutenant of the Comp.y of the Pres.t of S. Fran.co has asked by his petition of the 1st of July of the present year, a lot on the public square of the new city of Sonoma, of which he is the founder; by virtue of the authority in me vested, I have been pleased to grant to him the lot which is in front of the Tenta, on the public square of the said town of Sonoma, beginning from the corner next to the armistice of S. Francisco Solano to the west, under condition that he shall build a house in the term of one year, which must be inhabited; the said lot being of one hundred and fifty varas front by one hundred and thirty deep—

Given in Territory of Upper California, Capital of the Territory, the fifth July one thousand eight hundred and thirty five.    (sig.) José Figueroa
(sec.) Agustin V. Zamorano

The undersigned, public translator and interpreter, certifies that the above translation is a correct and true to the original at Sonoma, June 1st 1850    Prof. Fred G. Meyer

21 1

Filed June 10ᵗʰ 1859
at 9. O'clock A.M.
R.B.B. utter
Dipty. Recorder.

Recorded in Book E.
Page — 37
at 11½ O'clock A.M.
R. B. Butter.
Depty. Recorder.

Fees. $2.25

362

Que la Exma. Asamblea Departamental en
sesion de ayer, conforme á lo dispuesto por el Senado
en decreto de 27 de Mayo último y con total arreglo á lo que previenen las Bases Orgánicas, pro-
cedió á hacer la eleccion para Presidente de la
República, y verificada, quedó electo por mayoría
de sufragios el Exmo. Sr. General de División
D. Jose Joaquin de Herrera.

Y para que llegue á noticia de todos
mando se publique, circule y se fije en
parages públicos, acostumbrados.

Tepic Agosto 2 de 1845.

Pio Risco

Jose Mª Covarrubias
Srio.

P. Cuenta;

En cumplimiento á lo dispuesto por el Sr. Presi-

1834.

Monterey Agosto 2 de 1845

Sor. D. Juan B. Alvarado

Mi estim.ᵈᵒ Am.ᵒ

Ayer llegué a este por tierra de
la Yerbabuena, con esperanzas de encontrar en mejor
estado el disgraciado acontecimiento de la perdida de mi
buque, ayer mismo seguí mi Viage para punto de Solos
q.ᵉ encontre, todo en un estado lo mas fatal q.ᵉ N puede
figurar, pues se puede decir q.ᵉ es una perdida total lo
pocas q.ᵉ han podido sacar del agua apenas cubrirá los
gastos, Este hecho me ha mortificado sobremanera
tanto por haber llegado ya a su destino sin ninguna avería
como por los trastornos q.ᵉ indudablemente causará a mis
negocios futuros. Es cierto q.ᵉ no debe el hombre
llorar sobre disgracias pero al mismo tiempo el
mejor Filosofo se encomodará cuando, el origen de
las disgracias es un discuido— No puedo hechar
culpa alguna al Pobre Capitan quien se halla, en un
estado, y dentro de poco partirá para el otro mundo
pues sus padecimientos son tales q.ᵉ el hombre, naturalmente
pierde la energia y aun el deseo de vivir, Me resta
arreglar este asunto, para disponer mi marcha p.ᵃ
el sur, en el regreso del mate de S.ᵃ de San Francisco

365

Sor. D. Juan B. Alvarado

En su Rancho

C. B 34 ; 149

Monterey Agosto 4 de 1845 -

S.r D.n Juan B. ~~Alvarado~~

Muy S.r mio y ~~amigo~~ ... ...

... ... Presento su audiencia hoy al
Naufragio y sin su conocimiento se juntaron unos
cuantos comerciantes, para aforar - los efectos ~~salidos~~
dela Golta Star of the West. Dha junta de una manera
que no se concive, decidieron que los efectos deben pagar
la mitad de los d.os, ... que no puede ser absolutamente
pues, entregando una mitad a la Aduana y una
mitad a los que salvaron los efectos, adonde -
van a dar, los dueños, y con que cubrimos -
los gastos de secar, traer a este, y volver a lavarlos
en agua dulce, Ciertamente ninguno de la junta
dará los d.os por los efectos. Hasta ahora
no he visto una ley. que imponga d.os sobre efectos
de un Naufragio, Pero ha un arreglo para arreglar
los q ellegan con poca averia - que es un caso
enteramente difunto - No deseo por mi parte
q en este disgraciado asunto salga perjudicada
la Hacienda Publica, Ni tampoco quiero yo
salir perjudicado - Opara q Continuos, el asunto
espero me haga v. el favor de, Venir mas q
sea por un solo dia, pues a la vista de todo
estoy seguro no hemos de entrar en discordias

366

Ayer ni hoy no han podido trabajar y
se sigue el mal tiempo todo esta a los diablos
ya algunos de los efectos empiezan a podrir.

No será fácil, q. arreglar los
Dros. si no viene V. personalmente y mañana
aguardo a V.

Sin otro asunto por hoy
[illegible] respeto [illegible] de V. su atento amigo

Juan Parrott

Sor D. Juan B. Alvarado

1845 - Aug.t 8.

Sr Don José Ma. D. Dominguez

Muy Señor mio

Los tres cavallos que tomo
Dn Juan Cooper fuese tomado por mi cuenta y
los tengo abonado en la cuenta de V de mayor can
tidad con los otros seis cavallos y una yegua
que quedo en mi poder en todo hace el numero
de nueve cavallos y una yegua - diez cabezas en
todo - Asi Dn Juan Cooper no tene que pagarse
V nada y en nada tene que entender con V con
respecto de los tres cavallos que tomo porque
fuese tomado por mi cuenta ———

Angeles 8 de Agosto de 1845 -

Santiago McKinlay

McKinley's letter
to Demesia Domingo
respecting the work.

370-1

Sr. Gobernador Interino del Departamento de las Californias.

Las noticias que recibió en esta Capital el Sor. Comandante General Interino del Departamento, y que oficialmente comunicó á este Gobierno el 6 del corriente mes, anuncian que nuestra República declararía indubitablemente la guerra á los Estados Unidos del Norte por haber decretado el poder lejislativo de estos la anexion á Tejas á su territorio; y aunque nada de positivo se sabe sobre estos acontecimientos, el Gobierno de este Departamento se ha visto en la obligacion estrecha de tomar providencias de precaucion para evitar toda sorpresa y preparar el pais á la defensa de la integridad del territorio Mejicano en esta parte fronteriza que pudiera ser la primera atacada si la guerra se hiciese efectiva. En consecuencia el Gobierno consultó tan delicados como importantes asuntos con la Exma. Asamblea y esta respetable corporacion lista á velar sobre nuestra existencia politica acordó con el caracter consultivo los Articulos siguientes.

1º

2ª ... respectivos gefes y oficiales.

2ª. Los Señores Gefes y oficiales permanentes y activos que existen en el Departamento con licencia ó sin ella, será ocupados en los puntos donde se consideren necesarios servicio ya por el Exmo. Señor Gobernador ó ya por el señor Comandte. General atendidas las circunstancias locales, y respetando la ordenanza.

3ª. Como para el cumplimiento del Artículo 1.º se necesitan indispensablemente armas, municiones y dinero, el Exmo. Señor Gobernador pedirá al Señor Comandante General que a la mayor brevedad posible remita estos auxilios facilitando el dinero ó efectos que se puedan, de las dos terceras partes de las rentas destinadas a los gastos del Gobierno General.

4ª. Llegado el caso de que se reciba de oficio la noticia de haberse declarado la guerra, el Gobierno excitará á los Ciudadanos para que se prevengan para la defensa de sus hogares, y se pondrá de acuerdo con el Señor Comandte. General para formar el plan de defensa.

Como los Artículos antecedentes abrazan las atenciones del Gobierno en las presentes circunstancias, los Decretos y Medidas para que tengan su estricta observancia en el Departamento, á cuyo fin se pondrá desde luego en vigor el Reglamento de Milicias de 16 de Julio del 1844, ...

Oahu  August 29ᵗʰ 1845

T. O. Larkin Esq}
California –

152

Sir.

Yours by French Man of war came duly to hand – I have spoken to Mr Brewer respecting the accounts – said he was very busy settling up his concern. So as to go home, but would attend to it in a few days –

We hear you have a New General, with a numerous army of hungry Jacunts coming, or intending to come – to dwell among you – & keep you in strict obedience... Our Men-of-war, are like Chebaco boats – no authority. Yet the Levant & Portsmouth are going to California to protect Americans should it be necessary – Americans at Oahu, must protect themselves or go without protection. – because WE, Commanders, have no orders. What will be the end of all the affairs at these islands, in regard to yankees is more than can well be foretold as yet – Mr Brown received a letter from J. C. Calhoun – in which he, supported & approved of all Brown had done – A New Commissioner, a Mr Ten Eycke of Michigan has been appointed to come out here – he will leave in December after Congress meet. So that the Senate may Confirm the Nomination & Appointment We have a new Consul Mr Abell. and a Mr Waldo. for Vice Consul for Maui – they are both at Maui now – looking & arranging Mr Waldo has been offered the Chief Justiceship of the Sandwich Islands !!! but he must take oath of Allegiance – bind himself, to be governed by John Ricord & G. P. Judd. in all cases – it is said he requested to have time to consider – A pretty Brother Consul to take office under the government, to which he had been sent by his own govt – to watch and guard the persons & property of his Parents Country – turn traitor on the spot – become a bare —— bare —— bare legged Kanaka, before he knows one word of the language – when he returns from Maui, I shall peel him, with words – I will call him – call him – Kanaka! I think the Consul would like the office of Judge – rather than Consul if he could get more cash by it.

372

Gen'. Miller has got the disputed land for Charlton, which makes Judd and his party quite chopfallen. It is reported Charlton will demand heavy damages on account of the sale of his Premises & furniture. That Miller has given strong assurance of his assistance. When! When! Uncle Sam comes to demand reparation for gross insults – Robberies – injuries, offered, & practiced by the white Kanakas, upon yankees – then! then!! there will be a dark day. U.S. cannot find time to look after its citizens rights, abroad they so much cutting & shaving at home – seeking offices & providing for Partisans... We yankee animals, at these Islands – are in a fair way of having the Proof – of want of aid & protection from our gov'n you will see, by Jarvis' Newspaper, that Mr. Brown has been ordered not to communicate with any officer of his Majesty's Government – that this gov'. has appointed Mr. Hooper, as Commissioner Pro. Tem. with whom His Majesty's Secretary of Foreign Affairs will communicate upon all matters relative to American interests &c &c – Also – See Wyllie's reply to Mr. Hooper's Protest – that no insult was offered to U.S. by referring Mr. Brown &c – but to protect the Honor & dignity of U.S.!! Well, I think Uncle Sam – ought to feel greatly obliged to the Territory and His Majesty's Good officers in taking Uncle Sam under its kind care & guardianship!! Wonder if Uncle Sam won't give em a Caret. I have been very unwell all the week, with a nervous affection in the head – am a little better to day – Ill health & annoying humbugs of my Consul Countrymen – have put me quite of humor with every thing – and every ones... The last dates June 2nd N York said War might be between England & U.S. about Oregon – between Mexico & U.S. in regard to Texas – what fighting Characters you Mexicans are – U.S. between two such formidables may expect to get what will do her no harm. a good whipping! Referring you to the Men-of-War – men of whom I know – for all particulars – at Oahu –

Remain
Your Obt. Sert
Stephen Reynolds

152 A

Sep 1st   C. Brewer have given me the inclosed account, according
to their calculations.  But Mr Brewer said he would settle
if would pay the items . of interest & cost of Protest, on Paty's Estate
which I have marked against with red... These Sums are, or
ought to be charged by you, to Paty)—  In my view the interest
and cost of Protest are just charges. and should be paid—
The other items in the inclosed memorandum. I know nothing
of the true grounds — but as the difference for which they will
Settle seems to me to be fair. as well as just - I have assumed
the responsibility of accepting the offer— taking the old adage—
that a lean agreement is better than a fat suit!  Hoping you
will approve of my doings. I send the needful — do the Noble and do—

          I Remain
                    your old Sd.
                    Stephen Reynolds
                    152 B

Stephen Reynolds
August 29
1845
Respecting final Set
tlement of Pearce and
Brewer's account —

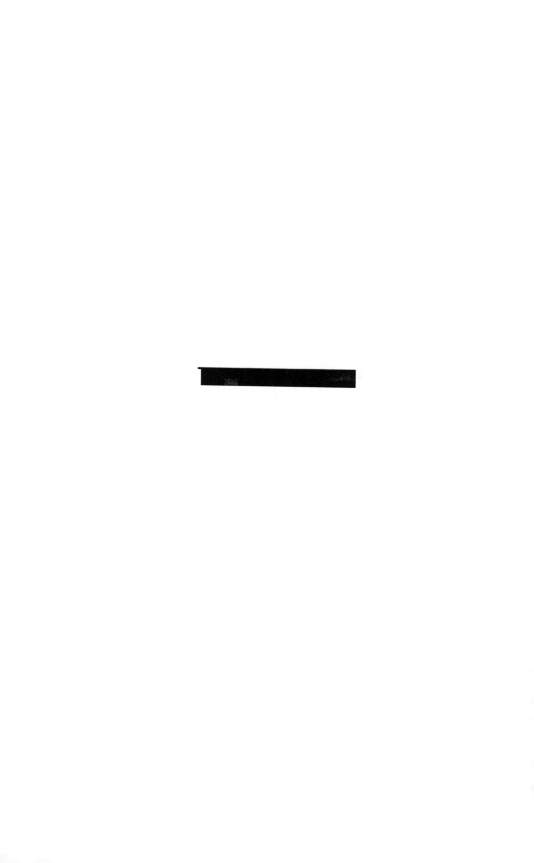

1845 – Ag.to 30.

Juzgado 1.o de Sonoma.

abon

Con esta f.ha: á tenido ha
bien éste juzgado, nombrar
á V. como perito en el ramo
de agricultura, para q.e recco-
nosca el campo ó terreno q.e
ha sembrado, Jesus Bear-
neza en el sitio de D. Nicolas Higuera; debiendo estar
presentes los dos interesados en el acto del reconocimiento, y V. por su parte
cuidará de citar con oportunidad para q.e dia y á q.e
hora deberán estar juntas
las partes para presenciar
el acto indicado.

Tiene V. estendido el
plazo h.ta el Jueves á las
diez de la mañana de la
semana entrante.

Dios y libertad Sono-
ma Ag.to 30. de 1845.

Jose de la Rosa

Concluida su comi-
sion se presentará
V. con las partes
interesados.
La Rosa

Sor. D. Cayetano
Juares.

376

S. N.

Sor. Dr Cayetano Soares

en.

Sanlucar

377

H. H. Bancroft's Biographical Notes, under Charles M.
Weber, indicate that he wrote Vallejo on September 29,
1845, the citation given as XXXIV: 154. The letter
itself has been missing since Bancroft's own day. What
appears here as 154a presumably is the address-leaf of
this letter.